AF581608

LAS PELEAS QUE TENDRÁS DESPUÉS DE TENER UN BEBÉ

Una historia de autoyuda

MOLLIE PLAYER

Traducido por

ELIZABETH GARAY

Derechos de autor (C) 2021 Mollie Player

Diseño de Presentación y Derechos de autor (C) 2021 por Next Chapter

Publicado en 2021 por Next Chapter

Textura de la contratapa por David M. Schrader, utilizada bajo licencia de Shutterstock.com

Este libro es un trabajo de ficción. Los nombres, personajes, lugares e incidentes son producto de la imaginación del autor o se usan de manera ficticia. Cualquier parecido con eventos reales, locales o personas, vivas o muertas, es pura coincidencia.

Todos los derechos reservados. No se puede reproducir ni transmitir ninguna parte de este libro de ninguna forma ni por ningún medio, electrónico o mecánico, incluidas fotocopias, grabaciones o cualquier sistema de almacenamiento y recuperación de información, sin el permiso del autor.

Para Claus. Gracias.

Esta historia es una mezcla ficticia de varios relatos reales.

1

El principio

Todos me decían que era normal estar nerviosa. Más que nerviosa, aterrada. Insegura. *¿Nos permitirá llevarla a casa ahora? ¿Nosotros solos?*, recordaron haber pensado antes de salir del hospital. *¿Estás seguro de que es una buena idea?*

Y, de hecho, fue bastante extraño. Las enfermeras me enseñaron cómo sujetar al bebé, cómo cambiar un pañal, cómo ajustar las correas del asiento del automóvil. Nos ayudaron a Matt y a mí a poner el pañal limpio y ajustado. Pero no dijeron una palabra sobre, bueno, la crianza de los hijos. ¿Cuna o cama? ¿Horario de alimentación o no? ¿Volver al trabajo o quedarse en casa? Todas las decisiones difíciles se mantuvieron para otro día, no este día, el día en que nació Poppy.

Estuve de parto en el hospital, Matthew iba y volvía, haciendo viajes entre la sala de partos, varios establecimientos de comida y el hogar. Mientras él se distraía con los asuntos por hacer, yo me distraía con un audiolibro, tratando de no desear que estuviera cerca. La cosa era que no lo quería allí. Realmente no lo quería. No quería tener una conversación. Pero si me hubiera abrazado, solo eso, y nada más, podría haber estado bien.

La pitocina tardó dos horas en hacer efecto, y al final de la tarde llegó realmente el parto. [La pitocina es una forma sintética de la oxitocina]En esto, Matthew me sostuvo, tanto la cabeza como la mano, ofreciendo su cuerpo como palanca. Cuando la partera me dijo que me curvara, Matthew empujó mis piernas hacia mi cabeza y se rió de lo fuerte que empujé hacia atrás. Muchos empujones. Un montón. Tantos. Demasiados. Entonces se vio la cabeza y la partera me preguntó si quería un espejo.

"¡Sí!", dije.

"No", dijo Matt al mismo tiempo. Luego: "¿Lo quieres, cariño? ¿Estás segura?".

"Sí", dije. "Por supuesto que sí. ¿Tú no?".

La partera me lo acomodó y vi a mi bebé por primera vez.

No parecía un bebé.

Tres empujones más. Empujones duros. Largos. Luego: alivio. La cabeza estaba fuera, y un último empujón para el cuerpo, Matthew y yo nos convertimos en padres.

Matthew miró al bebé, luego a mí. "Es una niña", anunció.

"Eso ya lo sabemos", dije riendo.

"Es hermosa", dijo.

"Pero eso también lo sabíamos".

"Por supuesto que lo sabíamos. Es perfecta".

La partera puso a Poppy, ahora llorando fuertemente, sobre mi pecho. Mientras acariciaba mi pecho contra su boca, Matthew puso su mano sobre su suave cabello.

"Ahí está ella".

"Ahí está. Es nuestra".

TARDE ESA NOCHE. Matthew se fue de nuevo. No quería dormir en el sofá. Y como pronto supe, estaba bien. No, no tan bien; era mejor.

Pude pasar toda la noche sola con ella.

Sin comunicación. Sin charlas triviales. Sin decidir nada. Sin detalles. Nada de las cosas de la vida normal. Solo vida. Solo la habitación, la oscuridad, excepto las farolas debajo de las persianas entreabiertas, y una simple luz detrás de la cama que se reducía a casi nada.

Así que esto es la maternidad, pensé mientras miraba el rostro de Poppy. Esto es lo que soy ahora. Es extraño que no tenga miedo. Todos dicen que estarás asustada. Pero me siento bien. Me siento confiada. Se ve sencillo.

Aquí está esta pequeña cosa viva, algo así como una planta, excepto que yo soy su aire y la luz del sol, su fotosíntesis. Ella me necesita por completo y acepto el desafío. Así es como funciona esto.

Es la relación más directa que he tenido.

Honestamente, eso fue todo. Esa fue mi conclusión. Yo sería quien da, ella sería el receptor, y estaba bien con eso. Fue cuando esperé algo, cuando necesité que alguien se comportara de cierta manera, esa era la situación que me preocupaba.

Por eso, acostada en la cama esa noche, solo había una cosa que me preocupaba y no tenía nada que ver con el bebé.

Era Matthew.

¿Cómo va a ser ahora que tenemos un hijo? Me preguntaba. ¿Será la misma persona? Para el caso, ¿lo seré yo? ¿Ser padres afectará la forma en que nos tratamos? ¿Como seremos estando juntos?

¿Cómo cambiará nuestra relación?

Y resultó que tenía razón al estar nerviosa. Porque si bien ese primer año con Poppy fue uno de los mejores de mi vida, fue el peor para mí y Matt.

AL DÍA SIGUIENTE, el hospital. Sólo esa habitación del hospital y el baño contiguo. Nada más. Matthew iba y venía, trayendo comida, trayendo noticias. Abrimos algunos regalos, vimos a médicos, hicimos trámites. Yo también dormí un poco, Poppy a mi lado en la cama, aunque la enfermera me había desaconsejado sobre eso. Cuando tuve que cambiar mi toalla sanitaria, las enfermeras me ayudaron a ir al baño. Ellas cambiaron todos los pañales de Poppy y la sostenían cuando lloraba. Era la primera vez en mi vida que me habían atendido tan bien y lo disfruté. No quería irme.

A la mañana siguiente, Matthew llegó a las 9 de la mañana para llevarme a casa y retrasé la salida lo más posible. Cuando finalmente llegó el momento, era cerca del mediodía, eché un último vistazo a la habitación.

Quizás fue nostalgia. Sentimentalismo. Hormonas. O tal vez, solo tal vez, fue más que eso. Quizás era el presentimiento que había tenido la noche anterior sobre Matthew.

Tal vez estaba sintiendo la curva de aprendizaje que se avecinaba.

Sí, eso fue todo. Apenas unas horas después de dar a luz, ya tenía previsto ese asunto de ser madre. No sabía cómo hacer nada, ni siquiera cambiar un pañal, pero sabía cómo estar a solas con mi hija. Pero con cuatro años de matrimonio, todavía no sabía qué esperaba Matthew de mí, qué no esperaba de mí y, lo más importante, qué esperaba yo de mí. Cuando solo éramos Matthew y yo, esta perspectiva no importaba. Lo compensaba por no entender lo que realmente necesitaba dándole más de lo que quería, lo que funcionó bien. Pero ahora, ahora tenía que considerar una segunda relación. Mis estrategias de afrontamiento habituales no funcionarían.

Incluso antes de que Matthew y yo llegáramos a casa, la tensión entre nosotros había comenzado. Matthew no era él mismo. Estaba irritable. Apresurado. Aunque ya fuera por celos, negligencia o simplemente impaciencia, nunca lo sabré.

Trató de ocultar su enfado con humor. "Debimos haber tenido un parto en casa".

Respondí con una sonrisa tensa y una risa forzada. "Me gustó allí", dije.

"Sí, me di cuenta. Pensé que te ibas a torcer un tobillo para poder quedarte más tiempo".

"No me envidies mi recompensa", le dije, sonriendo de nuevo. "Además, lo pensé. No hubiera funcionado".

Las cosas que no dije: "¿Por qué tengo que mencionar el dolor del parto tan pronto?". "¿Por qué no te sientes más feliz?". "¿Por qué no estamos celebrando?". Quería que el día que dejáramos el hospital fuera especial, una celebración. En cambio, me sentí triste por volver a casa.

Tal vez era demasiado esperar que supiera cómo me sentía, cómo quería que me apoyara ese día. Pero un pequeño gesto en ese tierno momento habría contribuido en gran medida a aliviar mis miedos. Podría haber tomado mi mano. Podría haberme dicho lo orgulloso que estaba de mí. Podría haberme preguntado qué necesitaba. Hubiera necesitado tan poco, casi nada, pero en cambio, eligió bromas y yo elegí sonrisas.

Las primeras dos semanas después de que nació el bebé, lloré casi todas las noches antes de dormir. Algunas veces, Matthew me escuchaba; llegaba al dormitorio y preguntaba qué pasaba. Cada vez le decía lo mismo.

"Son solo las hormonas, cariño. Estaré bien".

Estaba trabajando demasiado. Eso era parte del problema. Siempre lo había hecho y no quería detenerme. Bebé en el portabebés, cocinar, limpiar y, mi favorito, organizar. Las cosas que se tienen que organizar nunca tienen fin.

Una parte de mí se daba cuenta de que las emociones eran normales y de que no me estaba cuidando lo suficientemente bien. Sin embargo, otra parte de mí culpaba a Matthew.

No estaba ayudando lo suficiente. Esa es la verdad, sin

adornos. En realidad, no parecía saber cómo hacerlo. Si bien mi vida había cambiado por completo, no había solo trabajo diurno, sí interrupciones constantes del sueño, mientras que él rápidamente volvió a su rutina habitual. Trabajar. Comer. Jugar. Dormir. Fines de semana: básquetbol, proyectos. Por eso, durante esas primeras semanas con Poppy, sentí todas las cosas buenas que se supone que debes sentir, gratitud y amor, y también sentí muchas cosas malas. Estaba asustada. Estaba enojada. Pero, sobre todo, estaba triste. Triste de que las cosas no estuvieran bien conmigo y con Matt.

2

Cambia tu historia

Más adelante, se presentó lo que llamé el Incidente del Panqué. Porque, aunque no fue exactamente una pelea, fue lo suficientemente significativo como para nombrarlo así. Sucedió en diciembre, cuando Poppy acababa de cumplir tres semanas y la madre de Matthew, Mary, estaba de visita.

Había dado un paseo con Poppy, que ya se había establecido como una niña bastante exigente. El cochecito la tranquilizaba, y a mí, caminar me calmaba, e incluso en el clima más frío no pasé un día sin al menos una larga caminata.

Cuando regresé a casa, estaba cansada y sedienta y necesitaba urgentemente orinar. Abrí la puerta y vi a Mary bebiendo té y a Matthew en el sofá, aún con la bata de baño puesta, a pesar de que eran las once de la mañana.

"Hola", dije.

Mary se puso de pie. "¿Tuviste un buen paseo?".

"Sí lo fue".

Mary se volvió hacia su hijo. "Ahora, aquí es cuando intervienes, Matthew, y te llevas al bebé para que Rachel pueda quitarse los zapatos y acomodarse".

Sonreí tensamente. Matthew hizo lo que le dijo. Luego me

escapé a la cocina. Tomé un vaso de agua y me dirigía al baño cuando sucedió: Matthew hizo la pregunta.

"¿Puedes prepararme un panqué, cariño?".

Hice una pausa, lo asimilé. La emoción se me subió a la cabeza. Mi garganta comenzó a cerrarse, pero lo evité y tragué.

"Claro", le dije. "Solo un minuto".

Fui al baño, luego a la cocina, le preparé el panqué y lo llevé a la mesa. Se sentó a comer, me devolvió a la bebé y yo me senté en el sofá y la amamanté.

Mientras charlábamos con Mary, reflexioné sobre el intercambio, no objetivamente, pero sí honestamente. Mary no solo le estaba diciendo a Matthew que se encargara de la bebé, reflexioné. Ella le estaba diciendo que fuera más considerado. Le estaba diciendo que tomara a la bebé cuando me lavara los dientes, lavara la ropa, siempre que él estuviera disponible y yo no.

Ella le estaba diciendo que se involucrara más.

Y, sin embargo, aquí estoy, exhausta, con exceso de trabajo, sosteniendo a la bebé para que mi esposo pueda comer un panquecito. ¿Por qué no lo preparó él? ¿Qué estoy haciendo mal? Debí haber dicho algo. ¿Pero, qué?

No me malinterpreten: no me arrepiento de mi decisión de no discutir. Mary estaba allí, por decirlo, pero era más que eso. La cosa es que Matt y yo nunca peleamos. Nos enorgullecíamos de nuestro autocontrol, de nuestra armonía marital. Ahora aquí estábamos, nuevos padres, y lo último que quería era que se comprometiera esa estabilidad.

Era demasiado pronto. Estaba demasiado fresco. Solo tenía tres semanas de posparto. Nuestra primera pelea después de tener un bebé eventualmente sucedería. Simplemente no quería que pasara en ese momento.

Llegó la noche. Para entonces, había repasado el incidente dos docenas de veces. En versiones posteriores, las palabras que 'debería haber dicho' fueron expresadas de forma experta y colocadas en el momento perfecto y más humilde.

Matthew me pide un panqué. Una pausa de un segundo. Luego respondo, sin dejar de mirarlo.

"Tengo sed, estoy agotada y necesito urgentemente orinar, y todavía estás en bata y hablando con tu mamá. ¿Cuánto tiempo llevas sentado ahí, esperando que llegue a casa para poder comer? ¿O ni siquiera te da hambre cuando no estoy?".

A la hora de acostarme, ya lo había ampliado. Mis pensamientos crecieron y brotaron en un espeso follaje, alcanzando todos los aspectos de nuestra relación. Cuestioné la base de nuestro matrimonio, la capacidad de Matthew de ser un buen padre. Pero, sobre todo, cuestioné su carácter.

¿Es Matthew una buena persona? Me pregunté, empezando por Poppy. ¿O me he estado engañando de alguna manera? Quizás cuando me enamoré, ¿ignoré todas las señales? Tal vez Matt no era quien pensaba.

Sí. Ese tipo de pensamientos. Eran despiadados.

Los sentimientos que tuve esa noche me recordaron el día en la escuela secundaria cuando mi mejor amiga se mudó; fue tan lamentable. Sin embargo, había un consuelo.

Aunque en esa noche y en las siguientes estaba convencida de que mis miedos todavía estarían allí por la mañana, cada mañana cuando los buscaba, se habían ido.

AÚN ASÍ, unas tres semanas de estar en paternidad, finalmente me di cuenta: este problema no era para esperar. No iba a desaparecer. No se iba a arreglar solo. Tendría que encontrar una manera de deshacerme de él. Entonces, hice lo que haría cualquier otro adicto a la autoayuda que se precie: comencé a recopilar consejos.

Busqué en Internet, por supuesto, además de en la biblioteca. Esto fue mucho más difícil de lo que parece. La mayoría de los consejos sobre relaciones en línea eran genéricos, por decir lo menos. Y los libros que encontré no parecían abordar la crianza de los hijos. *Lo que necesito, decidí, son historias reales, experiencias reales. Necesito llamar a algunas amigas.*

Mi primera opción: Marianne, tranquila y serena madre de cuatro hijos.

Marianne era una de las personas más felices que conocía, y por una buena razón: tenía todo el asunto del Zen resuelto. Por el contrario, mi hábito era analizar un problema desde todos los ángulos, sofocándolo con mi atención prolongada, Mare sabía cómo arreglar las cosas. Sabía cómo dejar que las cosas fueran hasta que no lo eran, hasta que se morían de aburrimiento o se marchaban.

"¿Esto es normal?", pregunté después de explicar brevemente la situación. "¿Es así como son los nuevos papás?". Sin embargo, lo que realmente quería preguntar era más personal, más inquisitivo: ¿Cómo se había comportado el marido de Marianne cuando nacieron sus hijos? Pero no me atreví.

"No sé si es normal", respondió Marianne. "¿Pero es esa realmente la pregunta que deberías hacer? ¿O deberías simplemente preguntar si es algo con lo que puedas vivir? ¿Si estás de acuerdo con lo que él está haciendo o si no?".

Un consejo sensato, pensé, respirando hondo. *Equilibrado, como la propia Marianne.*

Quizá le pregunté a la persona equivocada.

"Sí, claro, lo entiendo", dije. "No hay respuestas correctas y todo eso. Pero, ¿qué harías tú si fueras yo? ¿Si tuvieras que lidiar con esta situación?".

"Sé que quieres un consejo. Todo lo que puedo decir es, piénsalo. Da un largo paseo. Ora un poco por ello. Sé que no eres religiosa, pero inténtalo de todos modos. Luego, quédate en silencio y pregúntate cuál es la respuesta".

"¿Eso es todo lo que tienes?".

"Así es".

"Bueno".

"Bien. Y déjame saber qué pasa".

Sí, pensé mientras colgaba el teléfono. *Definitivamente le pregunté a la persona equivocada. No necesito filosofía. Lo que necesito es ayuda. Lo sé. Mejor llamaré a Gen.*

"Necesito arreglar esto", le susurré a Genevieve más tarde esa noche después de salir de la oficina y alejarme de Matthew. "Estoy hormonal, y me siento miserable, cuando debería ser más feliz que nunca. Esto apesta. Debe haber algo que pueda hacer".

"Lo sé. Debería haber. Tiene que haberlo", dijo Gen. "Es casi imposible que nada de lo que puedas hacer marque la diferencia".

"Exactamente", dije. "Lo entiendes. Ese mi compañero fanático del control. Entonces, propongamos algunas ideas".

"¿Has leído ya algún libro sobre el matrimonio?".

"Por supuesto que sí".

"Por supuesto que lo has hecho. ¿Entonces? ¿Que decían?".

"Bueno. Lo de siempre. Eran bastante sosos. Nada que no haya escuchado antes".

"Quizás leíste los incorrectos. O tal vez necesites expandirte un poco. ¿Sabes lo que haría yo? Buscaría consejos sobre relaciones en otros tipos de libros".

"¿Como cuáles?".

"Como libros espirituales. Y libros para padres. Y libros de psicología, investigación sobre la felicidad, ese tipo de cosas".

"Guau. Espera un poco. Me perdiste en los libros para padres. No voy a tener tiempo para toda esa lectura".

"Entonces échales una ojeada. Haz lo que puedas. También te daré mis notas. Puedes llevar un diario de todo lo que aprendas que puede ayudar. Lo que he notado es que cuando se trata de cosas de superación personal, si no lo escribo en algún lugar y tengo una lista de verificación, lo olvido".

"Hmm. Muy bien. Eso tiene sentido. Al menos, me hará sentir como si estuviera haciendo algo".

"No. Funcionará, Rachel. Las respuestas están en alguna parte. No eres la primera persona en tener estos problemas".

"No, no lo soy. Pero eso no significa que se puedan resolver".

Rachel. Anímate. Matthew es genial. No es perfecto, pero es... básicamente normal. Es difícil verlo cuando estás enojada, pero créeme. Es reparable. Si alguien se puede arreglar, él lo es".

"Entonces, ¿lo que estás diciendo es que debería intentar cambiar a mi pareja? ¿No se supone que es el peor consejo de relación de todos los tiempos?".

"El único mal consejo es el consejo que no funciona. Y si nunca lo intentas, nunca lo sabrás".

"Eso es verdad".

Colgué. Puse a Poppy en su columpio, luego, mientras preparaba la cena, consideré el consejo de mis dos amigas.

Me encanta el sentido práctico de Gen, pensé. *Pero el consejo de Marianne es más sencillo. Creo que conviene dar un largo paseo.*

Después de una breve cena, le dije a Matt que volvería en una hora. Coloqué a Poppy en el cochecito y me dirigí a un parque bien iluminado. Mientras caminaba, hablé en voz alta sobre mis sentimientos, sobre mi enojo, sobre todos y cada uno de los problemas de relación percibidos. Luego, hice lo que me instruyó Marianne: me quedé muy callada e imaginé a mi yo superior dándome consejos. Solo tomó unos minutos para que ocurriera un pequeño milagro.

Por primera vez, escuché claramente mi voz interior.

Era solo una oración, solo un puñado de palabras, y lo escuché solo en mis pensamientos, en silencio. Pero vino con un conocimiento, con una rectitud, con una fuerza. Y las palabras definitivamente no eran mías. Fueron: "Cambia tu historia sobre Matthew".

¿Qué demonios fue eso? Esa fue mi primera reacción. *Fue seguido por, ¿de dónde vino?*

¿Fue un ángel? ¿O lo inventé yo misma? No. Eso es lo último que se me ocurriría. ¿Negación? No puede ser bueno. Especialmente sobre mi matrimonio.

Mi subconsciente es más inteligente que eso.

Tomé una respiración profunda. Luego otra y otra. "Es hora de regresar", le dije a Poppy.

Luego, de camino a casa, sucedió algo extraño. La frase que escuché cambió de forma en mi mente. Me encontré recordando los primeros días de mi relación con Matthew, cuando las cosas eran tan simples, tan fáciles. Raras fueron las ocasiones en las que cuestioné el carácter o los motivos de Matthew, incluso cuando no estaba de acuerdo con su elección. Cuando no me traía flores en mi cumpleaños, por ejemplo, simplemente no le gustaban las exhibiciones románticas. Cuando perdía los estribos por un complicado trabajo de reparación, simplemente estaba cansado o hambriento.

Cambia tu historia sobre Matthew, me repetí. *Sí, hay algo de verdad ahí. Matthew no está exento de defectos. Pero él es quien es. Lo está haciendo lo mejor que puede.*

Como todos nosotros, está aprendiendo. Lo está intentando. Y cuando recuerdo eso, nuestros desacuerdos no se sienten tan horribles.

Cuando llegué a casa, le pasé a Matthew la bebé y comencé a prepararme para ir a la cama. Mientras lo hacía, noté algo: me sentí mejor. Más ligera. Menos enojada, más esperanzada de que las cosas salieran bien.

Así que esto es lo que sienten todas esas personas religiosas, pensé, acomodando las sábanas.

Me sentí un poco transformada.

"Cambia tu historia". Podría funcionar. ¿Pero puedo realmente hacerlo?

ANTES DE QUE NACIERA POPPY, la respuesta hubiera sido un simple sí. En ese entonces, era tan… sencillo. Quizás es por eso que los desafíos que Matthew y yo experimentamos durante nuestros primeros años de paternidad fueron tan difíciles de enfrentar.

Fueron tan inesperados.

Parte de la razón de esto fue nuestra relativa madurez: nos conocimos a los veintiséis, tuvimos hijos a los treinta. Además, no estábamos enojados por naturaleza; en la vieja división de amantes contra luchadores, ninguno de nosotros podía reclamar ninguna afiliación con esto último.

En todo caso, en los primeros cuatro años de nuestra relación, no estuvimos lo suficientemente en desacuerdo. Antes de que naciera Poppy, la distribución de las tareas domésticas no era un problema. Matthew trabajaba a tiempo completo y yo trabajaba a tiempo parcial y limpiaba y cocinaba. Las comidas siempre llegaban a tiempo y el sueño era logísticamente sencillo, y nuestros hábitos de gasto y sociales eran compatibles. Por eso, cuando entramos en la paternidad, nuestras habilidades de resolución de conflictos estaban notablemente subdesarrolladas.

Antes de Poppy, nuestra relación no había sido puesta a prueba.

No quiere decir, por supuesto, que nuestro emparejamiento fuera perfecto; teníamos algunas diferencias clave de personalidad. Matthew se mostraba alegre mientras yo hablaba en serio e impulsiva. Él prefería simplemente hacer las cosas, mientras que yo era más quisquillosa. Matthew también procrastinaba, lo que me volvía loca, y se molestaba fácilmente con cosas pequeñas como el tráfico. Por lo general, yo mantenía mi cabeza en las cosas pequeñas, pero dejaba que las cosas grandes me afectaran, lo que admito, no era muy saludable.

Pero Matthew era agradable. Me abrazaba cuando lloraba, respetaba mis decisiones y escuchaba. Casi media década después en nuestra relación, seguimos charlando hasta tarde en la noche. Todavía nos gustábamos de verdad. Todavía éramos los mejores amigos.

Estábamos entre los afortunados, y lo sabíamos.

Es por eso que una noche durante mi embarazo tuvimos una conversación que fue algo como esto:

"¿Sabes?, dicen que tener hijos cambia tu relación, y que empiezas a pelear más, a enojarte", dije. "¿Qué piensas? ¿Nos pasará eso a nosotros?".

Estábamos acostados en la cama, Matthew sobre su espalda y yo de costado frente a él. La luz estaba apagada y, para ver mejor el rostro de Matthew, reajusté mi almohada.

"No creo que nos pase", dijo Matthew, mirando al techo.

"¿De verdad, cariño? Eso es algo bonito de decir".

Matthew se volvió hacia mí. "Bueno, ¿por qué pelearíamos?".

"No estoy segura", dije. "¿Qué es lo que te molesta de mí? Dicen que sea lo que sea, empeorará".

"Nada me viene a la mente".

"¿De verdad? ¿No puedes pensar en una sola cosa?".

"Realmente, no. Nada importante. ¿Por qué? ¿Tú sí puedes?".

Saqué mi brazo por debajo del estómago de Matthew y rodé sobre mi espalda. "No", dije. "Yo tampoco puedo. Pero me pregunto un poco si recordaremos esta conversación más tarde y nos reiremos de lo optimistas que fuimos".

"Quizás", dijo. Y luego se rió.

Entonces nuestra conversación pasó a preocupaciones más inmediatas.

La sensación de invencibilidad que compartimos fue, por supuesto, excesiva, tal vez incluso simplemente tonta. Sin embargo, en los años venideros, cada vez que recordaba ese momento, me di cuenta de que también fue bastante dulce.

Creíamos tanto en nosotros mismos, como uno del otro.

Incluso la creencia, sin embargo, discutiblemente la fuerza

más poderosa del Universo junto al amor y la gravedad, tiene sus limitaciones.

No fue suficiente para evitar que peleáramos.

EL DÍA después de mi decisión de cambiar mi historia sobre Matthew, no ocurrió nada particularmente notable. Y, sin embargo, hubo un cambio: sutil, pero obvio. Sentí que Matthew percibió mi nueva perspectiva. Tal vez fueron mis ojos, más suaves ahora, más dóciles. Quizás fue mi tono de voz, mis movimientos corporales. Fuera lo que fuera, las pequeñas diferencias realmente marcaron la diferencia, aunque durante mucho tiempo eso fue todo lo que hubo.

Matthew fue más de ayuda. Estaba más feliz. Me compró flores. Pero los mejores cambios fueron los menos obvios. Hubo más sonrisas, más conversaciones amorosas y muchas más conversaciones en general. Era como si desde que nació Poppy hubiéramos estado viviendo en una burbuja de irritación sin saberlo y de repente la burbuja estalló y desapareció. Juntos nos dimos cuenta de lo que nos habíamos estado perdiendo.

Nos dimos cuenta de que estábamos respirando nuevamente.

POR SUPUESTO, ver lo mejor de mi esposo no fue todo lo que se necesitó para superar el asalto de la paternidad temprana; para mí, hacerlo tomó tres años de lucha y aprendizaje. Es por eso que, durante esos tres años, mi práctica de recopilación de consejos continuó en serio hasta que mi lista de lecciones se veía así:

- Cambia tu historia

- No pelees; en su lugar, solo habla
- No lo conviertas en un gran problema
- Sé incómodamente agradable
- Negocia descaradamente
- Discúlpate cada oportunidad que tengas
- Repasa tu endocrinología
- Cambia a tu pareja de la manera correcta
- No te defiendas
- Aprecia el regalo

Es cierto que algunos de los consejos fueron extraños. Simplistas. Optimistas. Demasiado, probablemente, en todos los aspectos. Pero cuando los seguí, sucedió algo gracioso: mi perspectiva sobre mi relación cambió drásticamente. Ya no me sentía abrumada por la tarea que tenía ante mí, la de asegurar que mi matrimonio sobreviviera intacto a la paternidad. Los trucos me dieron confianza en mi esposo, en mis habilidades de relación y, finalmente, en mí misma.

Me hacían sentir como si tuviera algún poder.

Solo había un problema. A veces, no podía usar ese poder. Cuando me embarqué por primera vez en mi aventura en la paternidad, me di cuenta de que no sería fácil. Lo que no predije fue la magnitud de mis emociones, su capacidad para anular toda lógica. Debido a esto, y debido a los desafíos que Matthew y yo enfrentamos, las cosas cambiaron en mi matrimonio después de que nos convertimos en padres, tal como temía que lo hicieran.

Y algunos de esos cambios fueron permanentes.

El diario de mi relación: diciembre
Lección: Cambia tu historia

NOTAS Y CITAS DE LIBROS:

DAN SAVAGE en una entrevista en StarTalkRadio.net:

- "Lo que noto constantemente es que las personas... pueden ser muy elocuentes y prolijas sobre las fallas de su pareja... y no tan prolijas o articuladas sobre las fortalezas de su pareja o lo bueno de su relación".

SHAUNTE FELDHAHN en *The Surprising Secrets of Highly Happy Marriages* (Los sorprendentes secretos de los matrimonios muy felices)**:**

- Los comportamientos y reacciones de tu pareja a menudo son provocados por tu enfoque. Cuando mantienes la calma en situaciones tensas, es probable que ellos también lo hagan.
- "Al esperar lo mejor, sacas lo mejor".
- "Las parejas muy felices siempre asumen buenas intenciones".

AARON BECK (uno de los fundadores de TCC) en *Love Is Never Enough: How Couples Can Overcome Misunderstanding* (El amor nunca es suficiente: Cómo pueden las parejas superar los malentendidos):

- Mientras que las parejas nuevas a menudo tienen un sesgo positivo hacia el otro, las parejas de larga duración suelen tener un sesgo negativo. Esto hace que malinterpreten los motivos y las intenciones del otro, y durante las discusiones emocionales, estas malinterpretaciones tienden a multiplicarse.
- La terapia cognitivo-conductual (TCC) es el método más probado para cambiar este sesgo y otras historias que te cuentas a ti mismo sobre tu pareja. Implica reconocer sus suposiciones y creencias negativas, cues-

tionarlas y ponerlas a prueba, y replantear tu perspectiva sobre el tema.

DAVID BURNS en el libro más vendido de TCC *The Feeling Good Handbook* (El Manual de Sentirse Bien):

- Cuando cuestionamos y discutimos nuestras creencias negativas, los sentimientos negativos que los acompañan se vuelven menos persistentes y convincentes.
- Siempre que experimentes una emoción especialmente negativa, anótala en un diario. Escribe las razones por las que tu pensamiento estresante podría ser exagerado o totalmente falso, y replantea la situación de una manera más positiva y objetiva.
- "Si quieres sentirte mejor, debes darte cuenta de que tus pensamientos y actitudes, no los eventos externos, crean tus sentimientos".

WILLIAM BACKUS Y MARIE CHAPIAN en *Telling Yourself the Truth: Find Your Way Out of Depression, Anxiety, Fear, Anger, and Other Common Problems by Applying the Principles of Misbelief Therapy* (no disponible en español). Al decirte a ti mismo la verdad: encuentra la manera de salir de la depresión, la ansiedad, el miedo, la ira y otros problemas comunes aplicando los principios de la Terapia de la Incredulidad)**:**

- Recuerda siempre que existen al menos dos versiones de la verdad. Luego, elige constantemente creer en la más agradable. Las personas que luchan mucho con la ira o la depresión a menudo eligen la versión con menos elementos de verdad que las personas que son más optimistas.
- A menudo, pero no siempre, las relaciones cambian drásticamente cuando una persona abandona las

creencias erróneas que generan y perpetúan la amargura y la ira. Siempre la persona que trabaja para cambiar las creencias erróneas se beneficiará incluso si la otra persona no cambia.

PROVERBIOS 10:12 en la *Santa Biblia*:

- "El odio suscita contiendas, pero el amor cubre todos los pecados".

MIS PROPÓSITOS CON MI RELACIÓN:

- Me recordaré a mí misma que los motivos de Matthew son buenos. No inferiré automáticamente sentimientos de indiferencia, como suele ser mi respuesta instintiva cuando estoy molesta. En cambio, asumiré que las intenciones detrás de sus palabras y acciones son buenas, o simplemente le pediré que las explique.
- Me recordaré a mí misma que el carácter de Matthew es bueno. No comenzaré un monólogo en mi mente enumerando todas sus acciones similares pasadas y sacando conclusiones sobre cómo actuará en el futuro. En cambio, haré que darle el beneficio de la duda sea un hábito.
- No escucharé insultos donde no se digan insultos. En cambio, escucharé la necesidad. Escucharé el cansancio, estrés, tristeza, hambre, o tal vez solo el deseo de sentirme amada.
- No jugaré a ser juez o jurado. No importa lo que haga mi compañero, sea "bueno" o "malo", deseable o no, no hay razón para que yo juzgue su carácter. Si un comportamiento no funciona para mí, no funciona para mí; puedo reconocer eso, comunicárselo sin enojo. Los pensamientos que me vuelven loca son los

que no son necesarios, pensamientos como: "¿Es un buen marido?", "¿Es una buena persona?", "¿Cómo es su carácter?". Al final, todas estas preguntas son disparatadas. En algunos momentos, mi pareja es increíble, amable y sorprendentemente consciente de sí misma. En otros momentos, tiene las anteojeras puestas. Cualquier creencia que tenga en mi mente sobre el carácter de mi pareja es, en última instancia, solo eso: una creencia. Nada más sustancial que eso.

- Practicaré la TCC con regularidad.
- Cuestionaré cualquier creencia dolorosa que surja sobre mi pareja y nuestra relación.

PARA EL REFRIGERADOR:

- "Prometo creer que tus intenciones son buenas".
- "Prometo verificar mi historia sobre ti".

3

No pelees. En su lugar, sólo habla.

Dos meses después de la maternidad, todavía no había aprendido el truco de la paternidad compartida. Aunque mis hormonas se habían normalizado en gran medida y el llanto nocturno se había detenido, la tensión entre Matthew y yo seguía ahí. Llegaba en oleadas, pequeñas en su mayoría, con el ocasional latigazo cervical. Aunque hice todo lo posible para resistirlo, uno a uno, no fue suficiente; quería hundirme.

Y luego, la discusión que había estado esperando, que Matthew y yo probablemente sabíamos que se avecinaba, finalmente ocurrió.

Comenzó, como era de esperar, por la noche, cuando estábamos más cansados y vulnerables. A pesar de la reciente mejora en nuestros sentimientos hacia el otro y en nuestra comunicación general, nuestros problemas centrales posteriores al parto aún no se habían abordado.

Todavía teníamos algunas cosas que resolver.

Poco a poco, la frustración volvió. Luego, el ratón ocupó su lugar al final de la cuerda, tiró y tiró de nuevo, y me enfermé de gripe.

No fue la peor gripe que he tenido. Pero fue una de las más desagradables, aunque solo fuera porque no podía quedarme en la cama. Tenía que aguantar. Tenía que caminar. Tenía que presionar el maldito botón del maldito juguete musical, evitando momento a momento una crisis de aburrimiento de una niña que aún no podía trabajar por sus propias manos.

Tenía que ser madre de una recién nacida, mientras estaba enferma.

Cuando dejaba de hacer cualquiera de estas cosas, el llanto comenzaba de nuevo. Y, por supuesto, no solo era llorar. Era ese grito de llanto, la 'tragedia que ya ha golpeado y no quiero que nadie olvide salvarme', lo que funciona tan bien con nuestros pequeños humanos.

Como era sábado, Matthew estaría en casa todo el día, pero infortunadamente no fue de mucha ayuda. "Cada vez que la levanto, ella llora más fuerte", se quejaba después de lo que parecían ser meros minutos de cargarla. "Probablemente tenga hambre. Necesitas amamantarla".

Luego me devolvía a Poppy y se sentaba en el sofá.

Los minutos incómodos se convirtieron en horas dolorosas y las horas se convirtieron en una mañana y una tarde. Finalmente, un tiempo después de que se puso el sol, decidí que no podía soportarlo más.

Decidí que tendría que empezar una pelea.

No podía ir al dormitorio sin Poppy, dejándola con Matthew por un tiempo. No podía tomar un baño con calma y cerrar la puerta detrás de mí. No podía pedirle gentilmente a Matthew que llevara a Poppy o, Dios no lo quiera, simplemente hablar con él sobre mis sentimientos. Todas esas elecciones eran decisiones de personas emocionalmente estables, personas con plenas reservas de autocontrol.

Y en ese momento, yo no era una de ellos.

Entonces, hice lo único que me quedaba por hacer. Irrumpí en la sala de televisión, tiré un juguete al suelo y, por primera vez, le grité.

"¡Levántate del sofá! ¡Ayúdame con la bebé! ¡Entra y juega con Poppy!".

Matthew me miró con ojos sorprendidos, luego fríos. Luego miró hacia otro lado sin responder.

"¡Levántate! ¡Levántate!", dije de nuevo, caminando frente a él. "¡Ven aquí y llévate a la bebé ahora mismo!".

Matthew apretó más la mandíbula, sin decir nada. Al ver esto, crucé otra línea que no había cruzado con él antes: maldije.

"¡Eres un imbécil!", le grité. "¡Eres un idiota! ¡Ya está, te lo dije! ¡Finalmente! Estoy enferma y con exceso de trabajo, y tú solo estás viendo la televisión, ¡actuando como si no fuera tu problema!".

"¡Estoy furiosa contigo! ¡Estoy furiosa contigo! ¡Estoy furiosa contigo!".

Los gritos eran nuevos. La maldición era nueva. Pero la parte más significativa del arrebato fue el final. Era la primera vez que le decía a Matthew, sin rodeos, que estaba enojada con él.

Fue la primera vez que admití que había un problema en nuestra relación.

Matthew se puso de pie. Fue a la sala de juegos en silencio y se sentó con la bebé en el suelo. Me fui corriendo al dormitorio, cerrando la puerta lo más fuerte que pude. Luego me acosté en la cama, sintiéndome aún más miserable que antes.

Claramente, esta pelea no había terminado, lo sabía. *Pero, ¿cuál era la mejor manera de hablarlo? ¿Debía esperar hasta mañana cuando me sintiera menos emocional? ¿O debería ir a hablar con él ahora mismo?*

Intenté leer, pero no pude concentrarme en el libro. Luego preparé una taza de té que no bebí. Finalmente, me di cuenta de que no quería pasar el resto de la noche evitando el problema, distrayéndome; lo que realmente quería hacer era hablar.

Fui a la sala de juegos y me senté en el suelo contra la pared a una distancia cómoda de Matthew y Poppy. Cuando después de un largo momento, Matthew finalmente me miró acusadoramente, miré hacia atrás con tristeza y comencé a llorar.

"Cariño, ¿qué está pasando?", Matthew preguntó, herido. Me sentí aliviada al escuchar su voz.

"Lo sé, cariño, lo sé. Me quebré. No debería haber dicho lo que dije. Pero en realidad, estoy más allá de mi límite".

Matthew suspiró.

"Sé que te he dicho esto antes. Pero no creo que lo entiendas realmente: estoy tan lejos, mucho más allá de mi límite. Estoy agotada. Estoy trabajando y durmiendo y nada más. Y a veces ni siquiera intentas ayudarme".

"¿De qué estás hablando?", preguntó Matthew, haciendo saltar a Poppy en su regazo. "Ayudo casi cada vez que me lo pides. ¿No te das cuenta?".

Hice una pausa. *¿Lo hace?* "¿Lo haces?".

"Absolutamente".

"Guau. Espera un segundo mientras reorganizo todo mi registro mental de nuestros últimos meses".

"Sí, hazlo".

"¿Crees que me ayudas mucho? ¿Y qué tanto es mucho para ti?".

"A menudo. Unas cuantas veces al día".

Tomé una respiración profunda. *No solo no me ayuda lo suficiente, ni siquiera se da cuenta*, pensé. *Realmente no tiene ni idea.*

"¿Y qué consideras ayuda?". Otro respiro. Luego otro.

"¿Los pañales y la comida y las compras y jugar con la bebé cuando me necesitas? ¿No crees que ayudo? Guau. Me siento tan desvalorado".

"¿Te sientes... desvalorado?", dije. "Te sientes... desvalorado". Y a partir de ese momento, aunque hablamos durante varias horas, no se dijo nada más sustancial. La conversación que siguió fue frustrantemente circular, y la resolución a la que llegamos distó mucho de ser la adecuada.

Señalé lo que sentía que era claramente obvio: la cantidad

de horas que pasaba con la bebé cada día, la falta de descansos significativos. Matthew defendió su posición, no cedió ni una pulgada que, para mí, era más que equivocada. Era una traición.

"Y aquí todo este tiempo he estado tan orgullosa de mí misma, sacrificando tanto por nuestra hija. He echado mucho de menos dormir. He hecho casi todo por ella. Y crees que cambiar algunos pañales, ¿en realidad se compara? Nunca me había sentido tan poco amada en mi vida".

Matthew señaló que, aunque yo estaba con Poppy durante el día, él no podía estar; el estaba en el trabajo. "De todos modos, hablamos de esto. Decidimos que me encargaría de la bebé todas las noches mientras preparabas la cena. Y eso es exactamente lo que he estado haciendo".

"¿No lo entiendes, Matthew? ¿No ves por lo que estoy pasando? Cuando te encargas de la bebé por la noche, todavía sigo trabajando; preparo la cena. Luego te vas y tienes tu tiempo a solas, pero ¿cuándo tengo yo un descanso?".

"Nunca pides un descanso".

"¿Nunca pido un descanso? ¿No es obvio que cuando tu esposa está enferma, podría necesitar un poco de ayuda? ¿No es eso solo decencia y compasión humanas? Además, cuando te lo pido, te pones de mal humor y siento que, aunque dices que ayudarás, no quieres hacerlo. A veces es más fácil no pedirlo".

"Bueno, también has estado bastante malhumorada últimamente, ¿sabes? Tampoco es divertido para mí".

Sacudí la cabeza. "Guau. Entonces, una hora al día de ayuda es suficiente en tu mente. Realmente no tienes ni idea".

"Si necesitas más ayuda, cariño, debes pedirla".

"Bien. Lo haré. Sin embargo, recuerda esta conversación cuando lo haga y digas que no o te molestes".

"Está bien". Una pausa larga. "Estoy cansado. Me voy a la cama".

Esa noche, mientras estábamos acostados uno al lado del

otro, sin tocarnos, me sorprendí; decidí mover mis piernas y frotarlas contra las de Matthew. Porque, a pesar de todo, a pesar de mi enojo y mi decepción, me alegraba que él estuviera allí.

"Voy a tratar de comunicarme mejor contigo", le dije en la oscuridad.

"Y yo te ayudaré más con Poppy", respondió.

Luego ambos dijimos "te amo" y nos dormimos.

EN LAS SEMANAS posteriores a nuestra primera gran pelea después de tener un bebé, la Pelea Posbebé que habíamos estado esperando, mis temerosos pensamientos nocturnos eran más frecuentes y desastrosos que nunca. Primero, regresé al tema anterior de cuestionar el carácter de Matthew: *Matthew es una persona egoísta, un tomador, desconsiderado en extremo.* Pero descubrí que incluso esos pensamientos podían ser superados.

Toda mi vida es una farsa. Doy vueltas fingiendo que todo está bien, pero no es así; muchos días, apenas aguanto. Nunca voy a resolver los problemas de mi relación. Es imposible. Él nunca cambiará.

Una tarde, aproximadamente un mes después de la discusión, puse a Poppy en el portabebés y la llevé a la pista de atletismo más cercana para una caminata tranquila y sin distracciones. No quería pensar en el paisaje o en dónde ir a continuación; solo quería concentrarme en mis pensamientos. Cuando llegamos, el parque estaba vacío, y decidí aprovechar la oportunidad para expresar mis sentimientos en voz alta, para tratar de desenredarlos.

"¿Cómo lo hacen todos?", me preguntaba. "Tiene que haber algo que me estoy perdiendo. Mis amigos, gente que conozco, tienen hijos y lo recomiendan. Parecen felices con sus parejas a pesar de los desafíos. ¿Qué saben ellos que todavía no he descubierto? ¿Hay algo aquí que deba aprender?".

"Me siento tan perdida. No sé qué hacer, cómo comunicarme con él. Para mí es obvio que necesita hacer más. Pero hay tantas formas diferentes en las que puedo pedírselo. Con frecuencia estoy enojada y lo detesto".

Entonces, me llegó un pensamiento. Un sentimiento, en realidad, muy parecido al que sentí un mes antes. Como su predecesor, vino directo, con una fuerza de conocimiento, e incluso con un poco de paz.

"¿Qué pasa si intentas no mostrarle a Matthew tu enojo?", decía. "¿Y si tuvieras una conversación ligera? No hay ninguna regla que diga que todo el tiempo tienes que ser honesta acerca de tus sentimientos. Puedes fingir un poco: sonríe, haz una broma. Incluso cuando estés enojada, no tienes que pelear. Puedes no decir nada o tan solo hablar".

Doblé la siguiente curva en silencio, dejando que el pensamiento se hundiera. No sabía muy bien qué hacer con eso. ¿No había oído siempre que es bueno que las parejas se peleen, que desahoguen sus sentimientos antes de que se conviertan en resentimientos? Si nunca le gritaba a Matthew, ¿cómo sabría él que me lastimaba? ¿Qué lo motivaría a hacerlo mejor?

Pronto, el sentido común se impuso. *Por supuesto*, pensé. *Una sonrisa. Una broma. Aprender a hablar. Puedo mostrarle a Matthew cómo me siento sin gritar.*

Puedo enojarme, pero no pelear.

Guau.

Durante el resto de la caminata, contemplé más el consejo y, cuando llegué a casa, tenía un plan. Además de asumir siempre lo mejor de Matthew, intentaría nunca mostrarle mi enojo, solo hablar bien o estar en silencio.

Aunque los meses que siguieron demostraron que el plan era difícil, incluso imposible de llevar a cabo sin problemas, nunca dejé de creer en su eficacia, y cuanto más lo practicaba, más fácil se volvía. Lejos de aumentar mi resentimiento, me ayudó a mantener mi perspectiva.

Resultó que solo hablar era bastante impresionante.

¿Por qué nadie me enseñó esto antes? Me preguntaba. *Supongo que, después de todo, el matrimonio tiene un sentido.*

El diario de mi relación: marzo
Lección: No pelees. En su lugar, solo habla.

NOTAS Y CITAS DE LIBROS:

SHAUNTE FELDHAHN en *The Surprising Secrets of Highly Happy Marriages* (Los sorprendentes secretos de los matrimonios muy felices):

- Olvídate del viejo consejo y *ve* a la cama enojado. Es mejor hablar de un problema cuando eres objetivo y sensato.

DANIEL SIEGEL en ***Mindsight: The New Science of Personal Transformation*** (Visión Mental: La nueva ciencia de la transformación personal):

- Nuestros cerebros están programados para el conflicto y el peligro. Debido a nuestra herencia de difíciles condiciones de supervivencia, a menudo estamos al acecho de cualquier cosa que amenace nuestra sensación de bienestar, incluso en nuestras relaciones.
- Cuando la gente se enoja, la parte del cerebro de la ira (la amígdala) se vuelve muy activa. Luego, esta actividad anula u oscurece parcialmente la acción en los lugares del cerebro que son responsables de la lógica y la razón. "No estaba actuando como yo mismo", entonces, no es solo una excusa tonta para el mal

comportamiento. Hay mucha verdad en ello. Por lo tanto, es mejor esperar a que pase el enojo antes de discutir un problema con su cónyuge.

TARA PARKER-POPE en *For Better: How the Surprising Science of Happy Couples Can Help Your Marriage Succeed* (Para bien: Cómo la ciencia sorprendente de las parejas felices puede ayudar a que su matrimonio tenga éxito):

- La parte más importante de una discusión son los primeros minutos, cuando se establece el tono (a veces de manera irreversible). Planifique con cuidado la forma en que abordará un tema delicado con su pareja.
- Es mucho mejor comenzar una discusión con una queja, una simple explicación de una complicación, en lugar de una crítica, que rápidamente se vuelve personal y descarrila la conversación.
- Mientras discute, hable despacio y en voz baja. Esto es muy importante.
- Además, use frases clave que ayuden a aminorar una discusión, como: "Parece que estás diciendo", "Parece que", "¿Y si...?", "Sé que esto es difícil para ti", "¿Cuáles son tus pensamientos?", y muchas más.

CANDACE PERT en *Everything You Need to Know to Feel Go(o)d* (Todo lo que necesita saber para sentirse bien):

- Las emociones son reales. Son entidades físicas y moleculares que existen dentro de su cerebro.
- Cada emoción está compuesta por receptores celulares y las señales que los dirigen, además de precursores protéicos-ligandos. Cada receptor se mueve y envía vibraciones para atraer el ligando adecuado,

como una cerradura y una llave. Estas vibraciones y sus respuestas constantes forman una corriente eléctrica continua por todo su cuerpo que sentimos como emoción.

• Una vez que un sentimiento está bien establecido, no muere (abandona su lugar en su cuerpo) sin un intento de resistir. Cuando los receptores celulares no encuentran los ligandos correctos, el hipotálamo envía señales al cerebro que atraen los ligandos correctos. Esto sucede incluso con las emociones negativas, como la ira.

• Para reconfigurar su cerebro para que se enoje con menos frecuencia, visualice regularmente un resultado, una idea o una emoción diferente. Eventualmente, los receptores celulares y los ligandos se cansarán de fallar y se cortarán.

MIS PROPÓSITOS CON MI RELACIÓN:

• Realizaré un análisis de costo-beneficio previo a la pelea. ¿Vale la pena discutir para lograr un mejor resultado posible?

• No empezaré peleas innecesarias. Tan simple como eso. Cuando me enoje con Matthew por algo menor, lo dejaré pasar. El resentimiento no me matará; al contrario, se extinguirá más rápidamente.

• Si decido que la pelea vale la pena, esperaré un poco antes de sacar el tema.

• En lugar de pelear, aprenderé a hablar. Sin chasquidos. Sin sarcasmo. Sin condescendencia. Ni siquiera irritabilidad. Incluso podría encontrar espacio para una broma.

• Me centraré en las soluciones.

• Usaré frases con "yo".

• No esperaré una disculpa verbal. Entenderé que a

veces, las disculpas se disfrazan como acciones en lugar de palabras.

• Sobre todo, usaré un tono de voz amable y respetuoso.

PARA EL REFRIGERADOR:

• "Prometo no discutir un tema a menos que valga la pena la tensión que causará y a menos que le haya dado algo de tiempo".

4

No lo conviertas en un gran problema

Con esa primera gran pelea, después de tener a nuestro bebé, se rompió una barrera invisible. Gradualmente, en el transcurso de nuestro primer semestre de paternidad, nuestras discusiones no fueron exactamente frecuentes, pero mucho menos inesperadas que antes. Por supuesto, eran peleas silenciosas, por lo general, sin gritos, sin portazos.

Pero definitivamente seguían siendo peleas.

En la superficie, los temas eran pocos, una especie de situación de grandes éxitos: las largas horas de trabajo de Matthew, mis largos días en casa, tareas pendientes. Pero ahora teníamos un problema aún mayor: incluso cuando en realidad no estábamos discutiendo, había una atmósfera de impaciencia.

En otras palabras: estábamos de mal humor.

Día a día, se acumulaban pequeñas molestias, al igual que los platos en nuestro fregadero de cocina, cada vez más descuidado. Objetos fuera de lugar. Bolsas de pañales olvidadas. Problemas con el auto. Todas las cosas que se nos meten debajo de la piel, incluso cuando aún no hemos llegado al límite, se estaban acumulando, adquiriendo una mayor importancia por la cantidad. Las malas actitudes de Matthew causaron mis malas actitudes y viceversa, hasta que ambos sentimos que éramos los más perjudicados. Como mamá nueva, a menudo abrumada, quería desesperadamente que Matthew fuera el fuerte, que pusiera una sonrisa en su rostro y "que fuera el que se sacrificara por el equipo". Pero no es así como funcionan las relaciones, ¿verdad? Yo tenía que ser la mejor, la más iluminada, la más madura. Yo. Si quería que alguien lo fuera. Sería yo.

Y así, a medida que se acercaba el quinto mes, la tensión que alguna vez había sido rara y fácil de olvidar ahora era nuestro modo predeterminado; el mal humor se había convertido en nuestra nueva normalidad. Esto me asustaba, y con razón; siempre había dicho que nunca sería una de esas esposas, de esas que hierve en silencio y evita mirar a los ojos a su marido. Cuando comencé a buscar activamente el significado oculto de cada comentario cuestionable, buscando razones para estar enojada, supe que era hora de hacer un ajuste.

Ese ajuste se produjo en una cálida mañana de verano, cuando Matthew estaba cortando el césped y Poppy dormía. Aprovechaba el tiempo de silencio para limpiar la cocina y reflexionar un poco. Está bien, no reflexionaba. Me preocupaba.

La mayor parte del tiempo evito las grandes peleas, pensé. *Mantengo una actitud positiva sobre el carácter de Matthew, dándole el beneficio de la duda. Y, sin embargo, la molestia sigue ahí; debajo de todo, todavía estoy enojada. ¿Cómo puedo aprender a evitar las cosas pequeñas?*

Me volví hacia los platos, enjuagándolos apresuradamente y colocándolos en la máquina mientras miraba a Matthew por la ventana delantera. Estaba luchando con la podadora de empuje, la que opté por comprar en lugar de la de gasolina, lo que significaba que cualquier cosa que saliera mal sería culpa mía.

Aquí vamos, pensé. *Parece frustrado. Probablemente se desquitará conmigo.*

Infortunadamente, la rápida suposición no resultó equivocada.

Matthew dejó caer la podadora de sus manos extendidas. Luego la pateó y se dirigió hacia la casa.

Sin embargo, sin que él lo supiera, estaba preparada; en los segundos que le tomó llegar a la puerta principal, se me ocurrió un plan. Recordé mi deseo de reducir la molestia que nos estaba afectando a los dos, decidí que no importa qué, no reaccionaría exageradamente.

No me pondría a la defensiva. No lo convertiría en nada.

Dejaría que se enojara y no diría nada.

"¿Qué te hizo comprar una podadora manual?", Matthew dijo, como era de esperar, entrando en la cocina. "¿Con nuestro enorme césped y todos nuestros pinos? Qué ridícula pérdida de dinero fue esa cosa. Me desharé de ella. Hoy".

Mi reacción interna: una auto justificación engreída y exaltada. Mi reacción externa: ¿me enorgullezco de decir que estaba desconcertada? No fruncí el ceño, no sonreí. Solo lo miré e incliné mi cabeza. Quizás también arqueé las cejas.

Matthew se detuvo un momento, esperando la respuesta que no llegó. Luego corrió por el pasillo hacia la sala de televisión. Respiré hondo, uno, luego otra vez. Me estaba portando bien, pero todavía estaba molesta.

¿Por qué me culpa de que la cortadora de césped no funcione? Yo estaba echando humo. *Está siendo seriamente irracional. Está tomando algo pequeño y luego lo está exagerando a expensas mías. Me hace sentir tan ofendida.*

Coloqué el último plato en la máquina. Luego salí a buscar la podadora.

Parecía tan abandonada, así como yo me sentía.

Durante la siguiente media hora, luché a través de la hierba alta, recogiendo las piñas cuando se atascaban. A medida que el césped mejoraba lentamente en apariencia, mi mal humor también cambió, y cuando devolví la podadora al garaje, tenía cierta perspectiva.

Después de lavarme, me uní a Matthew en la sala de televisión y le sonreí por encima de la pantalla.

"No permitas que la cortadora de césped saque lo mejor de ti, cariño", le dije. Al escuchar esto, el estado de ánimo de Matthew cambió perceptiblemente.

"Gracias por terminar", dijo. Y luego sonrió. Era su forma de disculparse y yo lo sabía.

De todos modos, ¿de qué estaba tan preocupada? Me preguntaba. *Mi esposo es maravilloso y me ama. Sí, fue una falta de respeto. Y emocional e injusta.*

Y también estaba siendo humano.

DESPUÉS DE ESA NOCHE, y hasta que Poppy tuvo unos nueve meses, las cosas iban decididamente mejor entre Matthew y yo. Aunque todavía discutíamos con regularidad, y el fin de esos argumentos eran más treguas que resoluciones, eran discusiones muy bienvenidas. A veces, incluso me atrevía a esperar que nuestra relación volviera a la normalidad, o al menos en camino de llegar allí.

Debí haber sabido que esto era solo el comienzo de la aventura.

Y había otro consuelo, aún mayor, y ese, por supuesto, era la bebé.

Desde la primera noche, desde el primer momento, en realidad, me encantó ser madre. Amaba amamantarla. Me encantaba abrazarla. Me encantaban los viajes largos en su carriola y los paseos a ninguna parte. Me encantaba mirar la cara de Poppy mientras dormía.

Me encantaba que mi trabajo fuera amoroso.

Contrariamente a la opinión popular, le dije a Genevieve que ser madre no era el trabajo más difícil del mundo. Si no fuera por las largas horas y la falta de sueño, incluso podría haber sido fácil.

Y así, aunque todavía recordaba los tiempos difíciles con Matthew de ese primer año, el estrés, las discusiones, la frustración, cuando recuerdo ese momento de mi vida no son esos sentimientos los que me vienen a la mente primero.

Sobre todo, recuerdo a mi bebé.

La sonrisa de la bebé. Sus rizos oscuros. Sus nuevos descubrimientos, sus canciones favoritas. La forma en que atraía miradas de admiración de completos extraños dondequiera que fuera. La primera vez que cantó, jugó con una pelota y no lloró cuando mamá se fue.

Y eso es lo que Matthew también recuerda. Recuerda haberse enamorado.

Por supuesto, la intensidad de la experiencia de la primera maternidad no fue del todo agradable; particularmente entre el sexto y el duodécimo mes, las emociones negativas también aumentaron. Poppy odiaba a las niñeras y que la dejaran sola, aunque fuera por un momento. Y conseguir que se durmiera seguía siendo difícil. Así que, no era que no me encantara el trabajo.

Solo que era mucho trabajo.

Una noche, el cansancio me alcanzó. Matthew trabajaba hasta tarde, así que para matar el tiempo llevé a Poppy al centro comercial. Allí, en una zona de asientos, dejé a Poppy "sin correa", por así decirlo, para explorar la zona mientras descansaba. Mientras la bebé pasaba sus manos por algunas marcas en el piso, una mujer se detuvo y me miró con sorpresa.

"¿No tienes miedo de que contraiga una espantosa enfermedad?", me preguntó.

Y casi pierdo la compostura. Para evitar una escena, la miré sin decir nada, hasta que se llevó su desaprobación a otra parte. Luego pasé los siguientes treinta minutos tratando de respirar.

Finalmente, llegó el momento de reunirme con Matthew para cenar. Como era de esperar, Poppy lloró todo el camino a casa. Cuando llegamos, intenté sin éxito hacerla dormir temprano, y cuando Matthew llegó a casa, más tarde de lo esperado, no me quedaba tensión alguna, solo tristeza.

"Hola cariño. ¿Cómo estuvo tu noche? Matthew preguntó mientras asomaba la cabeza en el dormitorio.

Ni siquiera lo miré.

"Así de duro, ¿eh? ¿Qué pasó?".

Solo negué con la cabeza. Podía hablar, pero nada en mí quería.

Matthew tomó a Poppy y comenzó a caminar por la habitación, cantando una canción, mientras yo me acurrucaba en la cama. Pasaron veinte minutos, y después de que Poppy finalmente se durmió, estaba lista para decirle cómo me sentía.

Mi voz estaba en voz baja hasta el punto de que no me resultaba familiar. "¿Por qué llora tanto?", pregunté.

"No lo sé", dijo Matthew. "Lo siento, Rachel. Te amo".

Fue la respuesta correcta.

Puso una mano en mi hombro, luego puso a Poppy a mi lado y se acurrucó en mi otro lado. Esa noche, cada vez que Poppy se despertaba, la levantaba y la mecía, permitiéndome dormir sin interrupciones.

Fue el mejor sueño que había tenido en meses.

El diario de mi relación: junio
Lección: no lo conviertas en un gran problema

NOTAS Y CITAS DE LIBROS:

TARA PARKER-POPE en For Better: *How the Surprising Science of Happy Couples Can Help Your Marriage Succeed* (Para bien: Cómo la ciencia sorprendente de las parejas felices puede ayudar a que su matrimonio tenga éxito):

- El setenta por ciento de las peleas matrimoniales nunca se resuelven, incluso entre parejas felices.
- No hay dos personas que estén de acuerdo en todo, todo el tiempo, y creer lo contrario no es realista.

SHAUNTE FELDHAHN en *The Surprising Secrets of Highly Happy Marriages* (Los sorprendentes secretos de los matrimonios muy felices):

- La mayoría de las parejas aman a su cónyuge más de lo que éste se da cuenta. En una encuesta, la abrumadora mayoría de las personas dijo que se "preocupan profundamente" por sus parejas, pero solo cuatro de cada diez creían que sus parejas sentían lo mismo.
- Creer que tu pareja te ama puede ayudarte a creer lo mejor de sus intenciones.

AARON BECK en *Love Is Never Enough: How Couples Can Overcome Misunderstanding* (El amor nunca es suficiente: cómo las parejas pueden superar los malentendidos):

- Mientras que las mujeres a menudo ven hablar de problemas como una señal de una relación sana, los hombres a menudo creen lo contrario: es una señal de que hay grandes problemas.

MIS PROPÓSITOS CON MI RELACIÓN:

- No hablaré demasiado. No discutiré todos los matices de nuestra relación con Matthew. Los hombres aman a sus perros por una razón.

- No esperaré demasiado. Matthew tiene derecho a un mal día, y yo también. Podemos disculparnos y seguir adelante.
- Cuando algo me moleste demasiado, lo señalaré amablemente, solo una vez, y luego dejaré el tema por un momento. No es gran cosa.
- Seguiré manteniendo amistades cercanas con personas del mismo sexo, así como pasatiempos que pueden incluir o no a Matthew. Si Matt es toda mi vida, cada desacuerdo amenaza mi felicidad. No dejaré que esto suceda.
- Lo más importante, nunca reaccionaré de forma exagerada. De hecho, reaccionaré poco. Incluso si en ese momento el problema parece un gran problema, confiaré en que lo resolveremos eventualmente.

PARA EL REFRIGERADOR:

- "Prometo reaccionar sin exagerar".

5

Sé incómodamente agradable

Llegó agosto. Poppy tenía ahora siete meses, y aunque lloraba con menos frecuencia, todavía seguía siendo mucho. Afortunadamente, en ese momento, había dominado la rutina que mejor se adaptaba a nuestras necesidades, y comenzaba y terminaba con el automóvil.

A Poppy le encantaba el auto. Por la mañana, tan pronto como comenzaba a llorar, la ponía en su asiento de seguridad e inmediatamente se callaba. Conducía a una tienda, a una cita para jugar, a una cafetería, a cualquier lugar que nos atrajera de verdad. Mientras Poppy miraba y aprendía, yo compraba, charlaba o leía. Luego llegaba mi momento favorito del día: la hora de la siesta. Nos dirigíamos a la carretera tranquila, sin topes ni semáforos, y veinte minutos más tarde, ella se quedaba dormida. Encontraba un lugar de estacionamiento semiaislado y leía en el auto. Cuando Poppy se despertaba, había otra cita para jugar o una larga caminata. Luego, una segunda siesta, generalmente en casa conmigo acostada junto a ella, y cuando nos despertábamos, Matthew llegaba a casa.

Los días eran largos, pero también indulgentes; aunque a menudo estaba exhausta, todavía me sentía afortunada. Y no solo porque pasaba el verano con mi nueva bebé, sino por un cambio sutil que estaba sucediendo con Matthew.

Cuando Matthew y yo nos conocimos, lo que vio fue una mujer tranquila con una voluntad fuerte, alguien que lo desafió a ser mejor, a hacer más. Lo que vi en Matthew fue algo que también necesitaba: un compañero con quien divertirme de verdad. La filosofía de vida de Matthew era, disfrutar y jugar. La mía era, trabajar y trabajar un poco más. Sin embargo, a pesar de esta diferencia, nuestras personalidades se mezclaron bien, tanto que hasta que nos convertimos en padres, apenas notábamos las formas en las que no coincidíamos. O tal vez lo hicimos, pero sabíamos que nuestras diferencias también eran fortalezas: 'mantuve el tren corriendo por la vía' y Matthew se aseguró de que disfrutáramos del viaje. Con un tamaño de casi 1,90 m y una complexión grande, a Matt le encantaba jugar al básquetbol, comer con desenfreno y organizar cenas para sus muchos amigos. Yo, por otro lado, prefería trabajar horas extras en mi trabajo de asistente legal, luego volver a casa para leer o ver una película.

Comenzando con mi embarazo, llevé mi intensidad habitual a este asunto de la crianza: leí todos los libros, probé los consejos. Después de que nació Poppy, mantuve una estricta rutina a la hora de dormir, la protegí cuidadosamente de las pantallas de la computadora y narraba mi día en voz alta para poner en marcha sus habilidades verbales.

Sin embargo, desde el principio, Matthew fue diferente. Le cantaba más a Poppy, jugaba juegos tontos. Actuaba divertido. Era alegre. Cuando Poppy empezó con comida sólida y la tiraba al suelo, decía: "Si sigues haciendo eso, te voy a atrapar".

Y esta ligereza no solo benefició a Poppy, también fue una gran ventaja para mí. Cuando Matthew finalmente llegaba a casa del trabajo después de un largo día, sentía una gran sensación de alivio. Es cierto que solía pedir la cena enseguida. Pero sobre todo preguntaba con una sonrisa.

¿Y esa sonrisa? Esto ayudó mucho.

Ahora, sin embargo, hubo un cambio, a medida que Poppy maduraba, las interacciones de Matthew con ella también lo hicieron; este padre amante de la diversión se estaba convirtiendo en padre. Hablaba con Poppy sobre cosas serias mucho antes de que ella entendiera una palabra. Mostraba más interés en tomar decisiones sobre su cuidado: qué zapatos comprar, con qué alimentos iniciar, incluso qué escuelas considerar para más adelante. Por primera vez, le dio la bienvenida a las largas discusiones nocturnas conmigo, sobre todos los asuntos urgentes y no tan urgentes de la crianza de los hijos.

Sobre todo, disfruté esto. Pero no del todo.

Las discusiones nos acercaron más, lo sentía, y me encantaba saber cuánto le importaba. Sin embargo, de vez en cuando nos topábamos con un tema en el que no estábamos de acuerdo. Y aunque esperaba que eventualmente sucediera, eso no lo hacía menos difícil. Después de todo, este era un territorio nuevo para nosotros.

Nuestro primer gran desacuerdo sobre la crianza de los hijos, lo que más tarde llamé la 'Despelea', se produjo cuando el verano estaba llegando a su fin. Como sugiere el nombre, La Despelea no fue tanto un argumento como una discusión tensa que podría haberse vuelto personal, pero no fue así.

Por eso, esta vez, no fue mi fracaso lo que me enseñó mi próxima gran lección matrimonial; en cambio, fue mi éxito.

LA PELEA FUE la más vergonzosa, ocurrió en un restaurante durante una concurrida cena de celebración de una boda. Casi tan pronto como nos sentamos, había algo entre nosotros, algo que parecía que no podíamos evitar. Al principio, nos afectaron pequeñas cosas: Poppy se estaba quejando de estar en la silla alta, arrojaba comida, agarraba nuestros cubiertos. Mientras la regañaba suavemente, Matthew intentó soborno tras soborno, señalando que su técnica tenía más éxito. Poppy derramó su agua e interrumpía cada conversación, y cuando llegó la cena, yo estaba lista para marcharme.

Pero claro, no podíamos irnos.

Por último, el postre: pastel de durazno y café. A medida que el estado de ánimo se aligeró, sucedió: Matthew tomó una gran porción del pastel y la puso en el plato de Poppy.

"¡Matthew!", dije, un poco demasiado alto.

"Rachel. Es pastel. Es un gusto".

"Estoy entrenando sus papilas gustativas. Sabes lo difícil que es. Se necesita mucho trabajo para evitar cosas que no son saludables".

"Bueno, tal vez no valga la pena. Tal vez esté bien ceder de vez en cuando. Quizás estás haciendo tu trabajo demasiado complicado".

"Oh, ¿me estás culpando ahora? ¿Por qué? ¿Por intentar ser una buena madre? ¿Me estás culpando de que criar a un niño lo esté haciendo tan complicado?".

Miré a Matthew. Él me devolvió la mirada. Luego miré a mi alrededor, notando a las personas que nos estaban viendo. Después de recoger los restos de comida de Poppy del suelo y arrojarlos sobre la mesa, me escapé al baño.

¿Rompe nuestra regla y luego me avergüenza por eso? Guau. No puedo creer que eso acaba de suceder. Estos fueron algunos de los pensamientos que me vinieron a mi mente mientras me miraba en el espejo y me lavaba las manos. *¿Cómo se atreve a decir que hago mi trabajo demasiado complicado, cuando es él quien lo hace mucho más difícil? Actúa como si fuera mi elección estar estresada por Poppy. Si me ayudara más, sería mucho más fácil.*

Respiré hondo algunas veces, luego me lavé la cara y, cuando regresé, la cuenta ya estaba pagada. Mis amigos me miraron con simpatía y luego se retiraron a sus autos. Matthew, sin embargo, estaba un poco menos atento. Tomamos a la bebé y sus suministros y salimos en silencio. De camino a casa, nos quedamos atrapados en el tráfico.

No voy a seguir enojada, no voy a estar enojada, me repetía a mí misma mientras el auto reducía la velocidad. *¿Cómo puedo actuar en esta situación que después me haga sentir orgullosa de mí misma? ¿Cómo puedo hablar con él sobre esto honestamente, sin dejar de ser amable?*

Inmediatamente tuve mi respuesta. Todo estaba en el tono de voz. Eso era lo que realmente importaba, no lo que le dijera.

Maldito eureka. Podría decir lo que quisiera, prácticamente, siempre que usara un tono de voz respetuoso.

Reuniendo fragmentos de simpatía por Matt, así como recogí las sobras de Poppy, respiré hondo y comencé.

"Matthew, lamento haberte fastidiado por lo del pastel. Sé que estabas haciendo lo que pensabas que era mejor. Lo siento si pensaste que te estaba acusando de algo".

Matthew apartó los ojos del tráfico y me miró directamente. Se relajó un poco, dándome una sonrisa forzada. "No es que me fastidiaras lo que no me gustó", dijo. "Es que siempre cuestionas mi juicio. Intentas tomar todas las decisiones sobre Poppy, e incluso cuando tengo buenas ideas, no escuchas. Crees que lo sabes todo y yo no sé nada".

"¿En serio?", pregunté. "Pero no me cuentas muchas ideas. Siempre soy yo quien tiene que hacerse cargo".

"No necesito darte información sobre cada pequeña cosa. Pero cuando lo hago, debes saber que es porque es algo que me importa".

Hice una pausa, asimilando esto. Tenía sentido, en realidad. No se trataba de regañar. Se trataba de respeto.

Matthew prosiguió. "¿Cuántas veces te he dado un buen consejo y seguiste ignorándolo hasta que fue obvio que tenía razón? ¿Recuerdas el entrenamiento para dormir? Lo pospusiste durante tanto tiempo, y ahora estás mucho más descansada".

"Eso es cierto", dije. "A menudo tienes razón. Y parece que no crees que yo lo sé. Pero Matthew, te respeto. Sé que soy una fanática del control y no siempre estamos de acuerdo en todo, pero por favor, nunca lo dudes. ¿De acuerdo?".

Matthew me lanzó una mirada extraña, una que no reconocí del todo. Y luego lo hice. Era emoción. Sabía que estaba enojada y estaba reprimiendo ese sentimiento para... bueno, ser amable. Y realmente lo apreció.

Durante el resto del viaje a casa, estuvimos tranquilos, silenciosamente agradecidos. La discusión se había convertido en algo bueno. El pastel, el no pastel, nos dimos cuenta de que no se trataba de eso. Se trataba de querer sentirse escuchado y amado.

Matt y yo dormimos bien esa noche. Luego, la noche siguiente, después de pensarlo un rato, decidí abordar el tema, uno incómodo para Matthew, una vez más. Lo llamé al dormitorio donde había estado leyendo y le dije que quería contarle algo.

Matt estaba en la puerta. "¿Qué es?".

"Sabes, para todos los que amas, el sentimiento es un poco diferente", dije. "Algunas personas, tienen que trabajar un poco en ello. Pero contigo, nunca he tenido que hacerlo. Nunca he tenido que convencerme de nada. Desde que nos conocimos, simplemente te amé. Te amo tan cerca o incondicionalmente como soy capaz, y nada de lo que ha sucedido entre nosotros ha cambiado eso. Ni las discusiones, ni los desacuerdos, nada. Ni siquiera un poco. Eres alguien que realmente me gusta y amo".

"Gracias, Rachel", dijo Matthew. "Gracias. De Verdad. Eso es lo más lindo que alguien me ha dicho".

"Y estoy haciendo un gran esfuerzo por tratarte de esta manera, de una manera que te demuestre esto. Me esfuerzo mucho todos los días".

"Lo sé".

Se sentó en la cama a mi lado. "Yo también te amo. Realmente. Lamento lo del restaurante".

"Está bien".

"Así que nuestros amigos piensan que ahora nos odiamos, probablemente".

"Está bien. Espera a que tengan hijos. Entonces todo juicio habrá desaparecido".

Y así es como aprendí mi siguiente lección importante sobre las relaciones: no son las palabras que dices las que más importan. Lo que importa es que la otra persona se sienta cuidada y respetada, incluso en medio de una discusión.

Lo que realmente importa es que seas agradable.

El diario de mi relación: agosto
Lección: Sé incómodamente agradable

NOTAS Y CITAS DE LIBROS:

JOHN GOTTMAN en *The Seven Principles for Making Marriage Work: A Practical Guide from the Country's Foremost Relationship Expert* (Los siete principios para hacer que el matrimonio funcione: Guía práctica del principal experto en relaciones del país):

- Tres de las estrategias para hacer que el matrimonio funcione son: aumentar el cariño y la admiración, crear un significado compartido y volverse el uno hacia el otro en lugar de alejarse entre ellos.
- Cultivar hábitos que generen respeto mutuo y que creen confianza.

TARA PARKER-POPE en For Better: *How the Surprising Science of Happy Couples Can Help Your*

Marriage Succeed (Para bien: Cómo la ciencia sorprendente de las parejas felices puede ayudar a que su matrimonio tenga éxito):

- Los matrimonios más fuertes "… tienen al menos una proporción diaria de cinco a uno de interacciones positivas y negativas".
- No te limites a disculparte con tu cónyuge después de maltratarlo. Haz o di cinco cosas amables para compensarlo.

SUE JOHNSON en *Love Sense: The Revolutionary New Science of Romantic Relationships* (El sentido del amor: La nueva ciencia revolucionaria de las relaciones románticas:

- Cuando una pelea se vuelve personal, generalmente es porque no se trata del tema en cuestión; en cambio, se trata de alguien que no se siente amado. Se ha tocado un miedo primario subyacente, como el miedo al abandono.
- Cuando te sientes fuertemente apegado a tu pareja, es más probable que discutas los problemas con calma, sin el veneno que caracteriza a una pelea.
- Por esta razón, es importante prestar mucha atención al factor de confianza en tu relación ("¿Me siento amado? ¿Puedo contar con que mi pareja estará ahí cuando lo necesite?"). Ayuda a crear rituales de apego que compartas con tu pareja a lo largo del día.

MIS PROPÓSITOS CON MI RELACIÓN:

- Recordaré que la mejor motivación de mi pareja para ayudarme con los niños y tratarme bien es ser amable, agradecida y agradable. Amor engendra amor.

- Felicitaré a Matthew más a menudo.
- Le daré las gracias más seguido, especialmente cuando quiera que Matthew cambie un hábito. ("¡Gracias por quitarte los zapatos en la puerta, cariño!")
- Diré "te amo" con más frecuencia y de una mayor variedad de formas.
- Seré siempre alegre y respetuosa, incluso cuando Matthew no lo sea.
- Elegiré mis palabras con mucho, mucho cuidado.
- Usaré un tono de voz amable. Siempre.

PARA EL REFRIGERADOR:

- "Prometo usar un tono de voz amable y respetuoso, incluso cuando esté molesta".

6

Negociar descaradamente (y siempre tener una ganancia)

Durante los siguientes meses, mientras seguía moderando mi tono de voz y reaccionaba más tranquila, Matthew instintivamente siguió mi ejemplo. Lentamente, comenzó un hermoso cambio en nuestra relación: las grandes peleas aún ocurrían, pero las pequeñas disminuyeron en gran medida. Esto nos dio una ventaja importante en la relación: entre nuestras peleas, las cosas volvían a la normalidad. Tuvimos tiempo de dar un paso atrás, de recordarnos a nosotros mismos y a los demás que estaríamos bien. No fue hasta el final de nuestro primer año que dejamos escapar esa habilidad, y cuando ocurrió, fue difícil recuperarla.

A medida que se acercaba nuestro noveno mes de paternidad, no solo nuestros problemas de relación eran más fáciles de manejar, Poppy también era un poco más fácil. La bebé ya no estaba atada a mí en cada momento de vigilia; ahora, jugaba sola durante minutos y, a medida que avanzaba el año, la diferencia se hacía aún más pronunciada. Además, en septiembre, Matthew acordó sacarla al menos dos veces por semana, durante al menos dos horas por sesión, lo que le daba a mi agenda algo de liberación que tanto necesitaba. A él y a Poppy se les ocurrió su propia idea de diversión privada sin mamá, y por primera vez desde que tuvo a la bebé, Matthew experimentó lo que yo había apreciado sobre la paternidad desde el principio: la incorporación de un nuevo mejor amigo. Iban al bosque, al zoológico, al área de juegos en el centro comercial, y Matthew disfrutaba cada minuto. Entonces sucedió algo que nos hizo perder el balance una vez más, justo cuando habíamos empezado a recuperar el equilibrio.

Ese algo era que había conseguido un empleo.

El trabajo era excelente, uno que disfrutaba y que pagaba bien. El momento también fue bueno; Poppy parecía lista para la ocasional aventura de la guardería. Más importante aún, las horas eran perfectas, unas diez por semana, y todo desde casa. Matthew y yo estábamos seguros de que podríamos hacer la transición sin problemas.

Nos equivocamos.

Casi habíamos llegado, pensé mientras mis horas de trabajo superaban al tan necesario descanso y tiempo a solas. *Casi habíamos vuelto a la normalidad. ¿Casi lo habíamos hecho? Quizá la mejora que había estado sintiendo últimamente era imaginaria, una ilusión provocada por la desesperación y el pensamiento positivo.*

No era una hipótesis agradable de considerar.

Poco después de comenzar mi trabajo, las batallas sobre nuestro horario de cuidado de la bebé se reafirmaron. Al principio, eran leves, con gran parte de la tensión justo debajo de la superficie. Pero a medida que se hicieron más frecuentes, su intensidad también aumentó, de modo que para el otoño ya eran malas.

Si mis primeros nueve meses de matrimonio con una hija fueron para aprender cómo ajustar mi actitud hacia Matthew, aprender a verlo con ojos de amor, no enojarme con él y simplemente ser amable, el año y cuarto siguiente fue principalmente un complemento a eso. Se trataba de aprender a comunicarme mejor, a pedir lo que quería y a conseguirlo.

Se trataba de resolver realmente nuestros problemas.

SI SE LE hubiera preguntado a Matthew cuál de nosotros era la fuente del Gran Debate sobre el Control de la Natalidad, es casi seguro que hubiera dicho que yo. Durante semanas, incluso meses, decidí posponer el cuidado personal y trabajar muchas horas y realizar múltiples tareas. Al mirar hacia atrás, no sé por qué dejé rienda suelta a mi lado adicto al trabajo durante tanto tiempo. Por otra parte, la mayoría de los adictos al trabajo probablemente no lo hagan. En ese momento, sin embargo, Matthew se encontraba en una pausa poco común en su agenda. ¿Por qué no puede simplemente tomar el relevo? Me preguntaba.

Por eso, si me hubieran preguntado cuál de nosotros era la fuente del Debate, casi con seguridad habría dicho Matthew.

En ese octubre, el amor de Matthew por el básquetbol lo hizo jugar o mirar televisión al menos tres noches a la semana. Todavía sacaba a Poppy los domingos y miércoles, pero los lunes, viernes y sábados estaban ocupados. En esos días, mis largas mañanas y tardes iban seguidas también de largas y solitarias veladas, lo que, por supuesto, me ponía de mal humor. Y no solo porque quería que Matthew asumiera más responsabilidades, sino porque quería estar con él. Quería que camináramos juntos, cenar con amigos, ir al zoológico.

Quería sentirme como una familia.

Y así, un día en medio de esta situación, decidí que no podía soportarlo más. Hice un anuncio, un ultimátum, en realidad, y uno que tenía toda la intención de mantener: "Si no dejas de priorizar tus cosas divertidas sobre la familia, volveré a los anticonceptivos".

La noticia no fue bien recibida.

Era alrededor de la medianoche, después de que Poppy se había ido a la cama, y aunque estaba cansada le dije a Matthew que pasaría un rato con él. Estábamos sentados en el sofá de la sala, evaluando opciones mediocres de películas, mi cabeza descansando cómodamente en su hombro. El mes anterior, después de un año y medio de lactancia materna sin menstruación, mi período finalmente había regresado, lo que requería una decisión relacionada con la reproducción. Primero, hice una cita con mi médico. Luego le conté a Matthew el plan.

"Cariño, hay algo en lo que he estado pensando que necesito decirte, y probablemente no te va a gustar mucho", dije.

Y luego le di el golpe.

La primera respuesta de Matthew fue congelarse con el control remoto del televisor en el aire. Luego meneó la cabeza. "No, no lo harás", me dijo.

"Ya hice la cita". Alejé mi cuerpo de él, apoyándome en el reposabrazos del sofá. Luego doblé mis piernas contra mi pecho con mis brazos.

"¿Sin siquiera decírmelo?", Matthew arrojó el control remoto. "¿Por qué harías tal cosa?".

"Matthew, sabes por qué. Estoy tan estresada. Estoy tan cansada. Simplemente no puedo hacer esto como lo he estado haciendo últimamente".

"Rachel, teníamos un plan. El mismo plan que hemos tenido todo el tiempo".

"Lo sé, cariño, lo sé. Lo siento. Pero lo que está sucediendo ahora mismo con tu horario de sueño, no es justo. No está bien. Me siento muy engañada".

"Por eso es que estás haciendo esto. Para vengarte de mí. Ya veo".

"No, esa no es la razón, de verdad. No es solo lo que está pasando ahora. Así han ido las cosas desde el principio. Ha sido difícil. Más difícil de lo que crees".

Continué. "Tenemos a Poppy, y estoy muy contenta por eso. Tenerla solo me ha hecho querer tener otro más. Pero no tiene por qué suceder ahora. Tenemos tiempo. Después de todo, solo ha pasado un año. Nuestros hijos pueden estar un poco más espaciados".

"¿Así que solo estás haciendo una amenaza en lugar de discutirla? Típico. Eso es lo que siempre haces".

"No. He estado tratando de discutirlo. Lo he intentado durante mucho tiempo. Ha habido pequeños cambios, pero no es suficiente. Una hija ya es muy difícil para nosotros; no voy a hacer esto con dos. Esa no es la elección que voy a tomar".

"Sabes lo que voy a decir, ¿no?".

"¿Que estoy haciendo las cosas más difíciles de lo que tienen que ser? ¿Que trabajo demasiado? Bueno, ¿por qué no haces más para que yo no tenga que hacer tanto?".

"Yo sí trabajo. Trabajo mucho. Pero cuando necesito tiempo, lo tomo".

"Ahora estamos en un círculo, como siempre. Tal vez lo resolvamos. Pero hasta que lo hagamos, no quiero quedar embarazada".

Con eso, la discusión terminó; Matthew y yo tomamos caminos separados. Pero la pelea definitivamente no había terminado. Durante los días siguientes, se declaró en silencio una especie de alto al fuego suburbano: nos evitamos la mayor parte del tiempo y evitábamos por completo las discusiones serias. Esto nos dio tiempo para pensar qué hacer a continuación, sopesar nuestras ventajas y elaborar estrategias. Sin embargo, en las relaciones internacionales y en la vida matrimonial, eventualmente alguien tiene que hacer un movimiento.

Esta vez, ese alguien fue Matthew.

Unos días después de la discusión, se ofreció a llevar a Poppy a pasear en la tarde. Dijo que iban a cenar, pero para cuando regresaron habían pasado tres horas.

Cuando regresaron a casa, Matthew me saludó con una sonrisa. "¿Cuándo es tu cita con el médico?", me preguntó.

"Hasta la semana que viene", respondí. "¿Por qué preguntas?".

Al día siguiente, Matthew llevó a Poppy al parque y poco

después comenzó a grabar sus juegos para verlos después de que me fuera a la cama. Por mi parte, contraté a una niñera para cubrir una noche a la semana. Llamé a mi médico y cancelé mi cita para el control de la natalidad y, tres meses después, estaba embarazada.

El embarazo fue, por supuesto, el resultado más significativo del Gran Debate sobre el Control de la Natalidad. Sin embargo, también había otro que valía la pena mencionar. Una noche, aproximadamente una semana después de la pelea, enviamos a Poppy a la casa de un amigo y nos sentamos a la mesa del comedor, con lápiz y papel a mano.

Luego, comenzamos las negociaciones.

Revisamos cada día de la semana, sección por sección, y decidimos quién sería responsable de qué. ¿Quién haría la cena? ¿Quién limpiaría el auto? ¿Cuándo haríamos ejercicio ambos? ¿Quién podía dormir hasta tarde, en qué días y los fines de semana cuando yo trabajaba? Por primera vez desde que nos convertimos en padres, decidimos deliberar sobre nuestro horario, tomando en serio todas nuestras necesidades, no solo el trabajo y el sueño.

Finalmente, decidimos dejar de improvisar.

Aquí hay una lista de todos los períodos de tiempo que pensamos juntos, además de una lista de todas las actividades importantes que incluimos en nuestro nuevo horario familiar.

Consideraciones sobre la programación del cuidado de la bebé:

- Mañanas de lunes a viernes
- Horarios de trabajo entre semana
- Cena entre semana
- Tardes de lunes a viernes después de la cena
- Hora de dormir entre semana
- Pernoctaciones entre semana
- sábados por la mañana temprano

- sábados por la mañana tarde
- sábados por la tarde
- Cena del sábado
- sábados por la noche después de la cena
- Noches de sábado
- Domingo por la mañana temprano
- Domingos por la mañana tarde
- domingos por la tarde
- Cena del domingo
- Domingos por la noche después de la cena
- Domingos por la noche

Actividades para incluir en el horario familiar:

- Tiempo de trabajo pagado para papá
- Tiempo de trabajo pagado para mamá
- Tiempo de transporte para los padres
- Tiempo de transporte para niños
- Hora de cocinar
- Hora de limpiar
- Horarios de las comidas
- Tiempo recreativo para niños
- Tiempo educativo para niños
- Tiempo de ejercicio para mamá
- Tiempo de ejercicio para papá
- Tiempo a solas para papá
- Tiempo a solas para mamá
- Noches de citas para padres
- El tiempo de mamá con amigos
- El tiempo de papá con amigos
- Tiempo familiar en casa
- Salidas familiares
- El tiempo a solas de mamá con cada niño
- El tiempo a solas de papá con cada niño
- El tiempo de administración del hogar de mamá

- El tiempo de administración del hogar de papá
- Tiempo para el mantenimiento y las reparaciones del hogar.
- Tiempo para actividades y proyectos especiales
- Tiempo de sueño adecuado para cada miembro de la familia.

FUE una gran conversación la que tuvimos esa noche, y el horario que acordamos no fue poca cosa. Al crearlo, quería una garantía de algún tipo, una forma de asegurarme de que Matthew me daría los descansos que necesitaba. Por su parte, Matthew esperaba una mayor previsibilidad, una forma de asegurarse de que no sería molestado sin cesar por hacer más.

Nuestras esperanzas eran ridículamente altas. Sin embargo, más importante que el programa en sí fue el hecho de que lo creamos. Al hacerlo, amplié considerablemente mi conjunto de habilidades de relación.

Aprendí a negociar y sin vergüenza.

El matrimonio es transaccional, me di cuenta mientras hacíamos nuestro plan. No siempre es romántico y está bien. Si él no quiere hacer algo que yo quiero que haga, no es porque sea un idiota o no me ame. Es porque él también tiene necesidades.

El diario de mi relación: septiembre
Lección: Negociar descaradamente (y siempre tener una ganancia)

NOTAS Y CITAS DE LIBROS:

WILLARD HARLEY, JR. en *His Needs, Her Needs:*

Building an Affair-Proof Marriage (Las necesidades de ella, las necesidades de él: construir un matrimonio a prueba de aventuras amorosas):

- El matrimonio es transaccional. "Cuanto más le das a tu pareja, más te dan a ti".
- Las parejas tienen un "dispositivo de puntuación interno que probablemente nunca te diste cuenta que tenías", lo que el autor llama un Banco de Amor. En algún lugar profundo de nuestro subconsciente (matemáticamente habilidoso), estamos haciendo un seguimiento de los saldos de los demás, y entendemos cuándo tenemos que pagar y cuándo debemos. Cuando la entrega es aproximadamente igual y ambos socios satisfacen sus necesidades, la relación es satisfactoria para ambos. Sin embargo, cuando hay entregas desiguales, el matrimonio se mete en problemas, si no de inmediato, eventualmente. El objetivo, entonces, es asegurar que sus negociaciones se igualen tanto como sea posible para que ninguna de las partes se sienta engañada.

NEALE DONALD WALSCH in *Neale Donald Walsch on Relationships* (Neale Donald Walsch sobre las relaciones):

- Las relaciones no tienen por qué ser un juego amistoso (o no tan amistoso) de tira y afloja. Cuando surgen desacuerdos y ninguna de las partes está dispuesta a ceder, ofrecer consecuencias claras soluciona el problema. Un ejemplo: si un día tu pareja de repente decide empezar a fumar y no estás de acuerdo con eso, no tienes que gritar ni regañar. La solución es simple: le dices a tu pareja que la quieres y la respetas, pero que, si sigue fumando en tu casa, tendrás que mudarte.

FOSTER CLINE AND JIM FAY en *Parenting with Love and Logic* (Criar con amor y lógica):

- Muchas habilidades parentales también se aplican a otras relaciones, incluida la amistad y el matrimonio.
- Los padres eficaces no utilizan la ira, los regaños y las amenazas; en cambio, ofrecen opciones. Cuando los niños intentan discutir, no se involucran; en cambio, dicen "Lo entiendo", luego repiten la elección.
- Algunos ejemplos de opciones que dan los padres eficaces: "¿Piensas ser cruel por un tiempo? Si es así, voy a pasar un tiempo lejos de ti". "Si pegas, pierdes". "Si gastas tu mesada en otra cosa, no podré pagar la factura del teléfono por ti".

MIS PROPÓSITOS CON MI RELACIÓN:

- No romantizaré demasiado el matrimonio. Mi esposo no va a hacer lo que yo quiero que haga solo porque me ama; también tiene que haber algo para él. De la misma manera, no me avergonzaré admitir que estoy haciendo algo por él para obtener algo a cambio. Hacerlo es solo parte de mi atención personal.
- Cuando algo no me funcione, no lo regañaré. Negociaré. Comunicaré mis necesidades claramente y le permitiré hacer lo mismo.
- Durante las negociaciones, me centraré en las soluciones, no en las emociones. Sin enfado. Sin acusaciones. Sin dar vueltas al miedo. En cambio, simplemente describiré lo que quiero y luego discutiré el asunto hasta que se resuelva.
- Tendré expectativas claras y razonables. Sabré lo que

realmente necesito de Matthew y en lo que estoy dispuesta a comprometerme o renunciar.
• Tendré claras consecuencias. Si Matthew no cumple con un acuerdo, buscaré una manera de que pueda compensarme.
• Siempre tendré una ganancia. Si Matthew no está de acuerdo en darme una cierta cantidad de dinero o una cierta cantidad de tiempo a solas, lo tomaré de todos modos y le dejaré elegir entre permanecer enojado o aceptarlo.
• Mantendré mi parte del trato.
• Exigiré una transacción justa. No me quedaré en una relación malsana. No soy mártir.
• Sobre todo, recordaré hacerlo simple. Las relaciones son difíciles, algunas veces. Pero con una comunicación clara, expectativas claras y consecuencias claras, la mayoría de las veces, debería sentirse bastante tranquilo el resto del tiempo.

PARA EL REFRIGERADOR:

• "Prometo negociar, no quejarme".
• "Prometo centrarme principalmente en las soluciones, no en las emociones".

7

Discúlpate cada vez que puedas

Si las tomamos por separado, la mayoría de las peleas del primer año que Matthew y yo tuvimos no fueron terriblemente significativas; el problema fue la acumulación. Sin embargo, cuando comenzó el segundo año de paternidad, la intensidad aumentó y también lo hicieron nuestros tiempos de recuperación.

La pelea del primer trimestre fue uno de nuestros peores argumentos de todos los tiempos, y en gran parte fue mi culpa. Además de la causa aparente, estaba la subyacente, a saber: estaba embarazada. Y yo era miserable. Me sentía miserable de una manera en la que no lo había estado en años, antes del bebé, antes de conocer a Matthew. Agotamiento, náuseas, espasmos lumbares: mi coctel para el dolor del embarazo tenía un sabor terrible. Incluso me sentía embarazada mientras dormía.

En mi sexta semana dejé de hacer ejercicio. En mi séptima, dejé de comer sano. Para mi novena semana, la depresión se había instalado por completo y todo era difícil, incluso la conversación. Aparte de las cosas necesarias para el manejo de la vida y las cortesías, la mayoría de las palabras que salían de mi boca eran quejas.

Hacia el final de ese período de tres meses, Matthew y Poppy y yo fuimos a mi ciudad natal a visitar a mi familia. En circunstancias normales, habría sido una ocasión feliz llena de viejos favoritos: hotel favorito, restaurantes favoritos, recorridos panorámicos favoritos. Esta vez, sin embargo, me arrastré a través de las rutinas y, por alguna razón, Matthew estaba casi hosco, malhumorado. Y así, en la segunda noche, mientras él y yo yacíamos en la cama del hotel, intenté un poco de compasión superficial.

Le pregunté a Matthew qué pasaba.

"¿Realmente quieres saber?", preguntó Matthew, poniendo su mano en mi pie.

"Sí", dije. "Realmente quiero".

"Bien. Bueno cariño, estoy harto de que te quejes".

Respiración profunda. Dentro, luego lentamente fuera. Dentro, luego fuera de nuevo. Ira, tristeza. Ira, culpa. Ira. Tristeza. Respiración profunda.

"Está bien", dije. "Entonces, ¿no quieres que hable sobre lo que siento, por lo que estoy pasando? ¿Es así?".

"Es que es demasiado", dijo Matthew, frotándome el pie. "Siento que no puedo soportarlo más". Lo único que nos salvó de la inevitable pelea a gran escala esa noche fue que lo dijo amablemente.

"Pero lo estoy intentando", dije. "Realmente, realmente lo hago. No tienes idea de cómo es esto".

"Lo sé. Pero las quejas, ¿ayudan? ¿Realmente te hacen sentir mejor? No creo que lo hagan. Creo que lo empeoran".

No respondí; en cambio, giré mi cuerpo, soltando mi pie de su mano. Después de varios minutos, Matthew encendió la televisión y encontró una película vieja para ver. Cuando terminó, apagó la televisión y luego ajustó la almohada.

En la oscuridad, me volví hacia él y luego puse su mano sobre mi estómago. La sostuve allí y la froté un poco.

"Me esforzaré más", dije en un volumen justo por encima del susurro. "Ya no me voy a quejar tanto".

Fue una promesa que no cumplí por mucho tiempo.

Al día siguiente, Matthew regresó a casa y volvió al trabajo, mientras que Poppy y yo nos quedamos allí. Esperaba que los dos últimos días fueran mejores que el primero, pero no fue así: fueron peores. Cuando terminó el viaje y encontré a Matthew en el aeropuerto, no estaba en mi punto de ruptura; ya me había quebrado un poco.

"¿Como te fue?", preguntó Matthew, saludándome con un beso. La ira me llenó. Como si le importara. No quiere saber nada de eso y le dije que no me quejaría. No puedo hacer nada más que mentir o no decir nada.

Negué con la cabeza. "No quiero hablar de ello".

Me lanzó una mirada sombría y tomó una de las maletas, luego me condujo por el largo pasillo hasta la puerta. Un momento pasó, un millón más, pensé. Y no pasó mucho tiempo antes de que pasara otro.

"Estás callada", dijo Matthew mientras salíamos de la terminal. "¿Pasó algo después de que me fui?".

Hmm..., pensé. *Sabe que estoy enojada, pero preguntó de todos modos. Puntos para él. Intentaré calmarme.*

"Bueno, no se me permite hablar de eso, ¿verdad?", respondí. *Bueno, eso no sonó tan bien como esperaba.*

"No lo sé, cariño", dijo Matthew. "Tal vez no. No lo sé".

No fue la respuesta correcta.

Tan pronto como subimos al auto, volví la cara hacia la ventana, tratando de mantenerme firme. Sin embargo, para cuando salimos del estacionamiento, no pude soportarlo más y hablé.

"Después de que te fuiste, mi papá me gritó, lo que arruinó el resto del viaje. De camino al aeropuerto, recibí una multa por exceso de velocidad. Y la empresa de alquiler de autos estaba cerrada cuando llegué allí, así que no pude averiguar cómo devolver el auto y casi perdemos nuestro avión. Fue horrible".

Matthew podría haberlo dejado pasar. Podría haberme

dado un margen de maniobra. En cambio, suspiró. "Cariño. Ni siquiera aguantaste una hora".

Segundo quiebre. Lágrimas. Tercer quiebre. Temblores y sollozos. Varios minutos de esto y me sentía destrozada. Los gritos que siguieron no venían de mi garganta, sino de algún lugar mucho más profundo en mi interior.

LA PELEA del primer trimestre no fue un asunto de un solo día, ni mucho menos. Los gritos duraron horas. El sarcasmo, días. Y la ira duró casi un mes.

Durante este tiempo, mis terribles pensamientos nocturnos me visitaban con regularidad. Y sus temas eran familiares. *No puedo creer que realmente haya dicho eso,* comenzaba la narración. *¿No puede siquiera pretender sentir compasión? Estoy embarazada, enferma y hormonal, pero todavía tengo que ser la fuerte; él no está tomando el relevo.*

Bueno, ahora estoy atascada. Especialmente después de tener hijos. Eso es genial. Mi vida está arruinada.

Una noche, sintiéndome impotente ante mi rabia interior, tomé una decisión saludable.

Llamé a Gen.

"He estado enojada con Matthew durante un mes entero", dije.

"¿Sí?", dijo. "Háblame de ello".

"Ha estado haciendo sus cosas, sus propias cosas con Poppy, las cosas del horario de las que te hablé. Pero hay esta… corriente oculta. No puedo olvidar la pelea. Al menos, no por mucho tiempo. No sé qué hacer. ¿Vamos a terapia? ¿O simplemente asumo que se trata de las hormonas del embarazo y pasará?".

"Bueno, la pelea fue mala", dijo Gen. "Puede que te lleve un tiempo recuperarte y no puedes esperar sentirte bien mentalmente en este momento. No lo sé, Rachel. El matrimonio es tan difícil. Es difícil tratar con otra persona todo el tiempo, incluso cuando estás haciendo todo lo posible. La buena noticia es que la mayoría de estas cosas las olvidarás pronto. Probablemente mucho antes y mucho más a fondo de lo que piensas".

Mientras consideraba esto, ella continuó. "¿Recuerdas siquiera de qué se trataron tus últimas peleas? Las pequeñas, no las grandes".

"No".

"¿Qué hay de alguna gran pelea que haya ocurrido hace varios meses?".

"Supongo que no. No ahora mismo, no".

"Sé que ya te disculpaste, Rachel. Y sé que quieres que Matthew haga lo mismo. Pero puede que no lo haga. Y eso está bien. A veces, solo tienes que ser tú la que se disculpe. Juega ese papel. Te sorprenderás de lo mucho que te ayudará y lo mucho que se olvidará. En cuanto a las emociones, a veces estarán ahí. ¿Mi consejo? Simplemente baja la cabeza y supéralo".

Y así, eso es lo que hice. Me disculpé con Matthew de nuevo por mi mal humor y mi enojo, aunque sentía que hacerlo era innecesario, incluso injusto. Me recordé a mí misma cuánto me estaban afectando mis hormonas últimamente.

Bajé la cabeza y lo superé.

LA PRIMERA VEZ que Matthew y yo tuvimos una pelea real, no un desacuerdo, sino una pelea, fue a los seis meses en nuestra relación. Estábamos limpiando su casa para dejar espacio para mis cosas para mi mudanza planificada, aún sin fecha por determinar.

Había sido un día largo y ambos estábamos cansados. No cansados, agotados. Desgastados. Entonces sucedió. Matthew me entregó una caja pesada de un estante alto y, cuando la dejé, un sonido inconfundible: cristales rotos.

"¿Qué era?", pregunté, ya usando el tiempo pasado.

Matthew no respondió. Agarró la caja. Cuando la abrió, evaluamos los daños. Una torre de su juego de ajedrez estaba astillada y al alfil le faltaba una perilla.

Eso podría haber sido peor, pensé.

Matthew lo vio de otra manera.

"¿Dónde estaba el plástico de burbujas?" preguntó. "Tú fuiste quien empacó esto, ¿verdad?".

"Supongo... supongo que se me acabó".

"¿Se te acabó? Bueno, cuando se nos acaba, conseguimos más. No empacamos cosas como esta sin plástico de burbujas".

No respondí.

Matthew cerró la caja y la dejó sobre su escritorio. Luego regresó al estante. Sin embargo, cuando me acerqué a él, sacudió la cabeza.

"Ya no puedes tocar mis cosas", dijo.

"Oye, Matt", dije, mi actitud defensiva se convirtió en ira. "Espera un segundo. Piensa sobre esto. He pasado los últimos dos días limpiando este lugar: empacando cosas, donando cosas, limpiando tu cocina y baño. Hice mucho más que tú, así que no te atrevas a tener una actitud conmigo sobre esto. Fue un accidente, ¿de acuerdo?".

Fue la primera vez que levanté la voz a Matthew. Y ciertamente fue la primera vez que me alejé enojada. Salí de la habitación, cerré la puerta de un portazo, luego salí de la casa y también cerré la puerta. Y salí a caminar.

Pasaron cinco minutos, cinco minutos muy largos. Después de todo, era la primera pelea de recién enamorados. Todavía estábamos convencidos de que todo era perfecto entre nosotros... y al mismo tiempo, temíamos que no fuera así.

Pronto, escuché pasos. Alguien corría detrás de mí. Me di la vuelta y ahí estaba.

Era Matthew.

Y en el tiempo que me tomó reconocerlo, y la mirada de disculpa en su rostro, mi ira desapareció por completo.

Dejé de caminar, Matthew me alcanzó y me dio un largo y amoroso abrazo.

"Lo siento", dijo. "Tienes razón. Debí haberte ayudado más".

"Yo también lo siento. Debí haber tenido más cuidado con tus cosas". La disculpa no fue sincera, al menos no del todo. Pero se sintió como lo correcto por decir.

Nos abrazamos un poco más, luego nos besamos y regresamos juntos a la casa. Y eso fue todo.

Se terminó.

Las disculpas son increíbles, me di cuenta después de hablar con Matthew sobre la pelea del primer trimestre. *Son, como, la cura de relación más rápida de la historia. Te sacan de una mala espiral, te ayudan a reiniciar. Y a veces, eso es todo lo que necesitas, solo un botón de reinicio.*

Ni siquiera tienes que decirlas en serio todo el tiempo.

El diario de mi relación: febrero
Lección: Discúlpate cada vez que puedas

NOTAS Y CITAS DE LIBROS:

SUE JOHNSON en *Hold Me Tight: Seven Conversations for a Lifetime of Love* (Sosténme fuerte: Siete conversaciones para una vida de amor):

- Los seres humanos están programados para el amor y la conexión. Nuestra necesidad de un cónyuge no es una debilidad, sino una fortaleza: las personas con apego seguro tienen más confianza y más éxito.

• Parte del apego seguro a tu pareja es honrar sus sentimientos y, cuando se equivocan, disculparse. Esto debe hacerse en el contexto de una conversación en la que la pareja discuta completamente la naturaleza de la afectación, los sentimientos heridos y el restablecimiento de la confianza.

ECKHART TOLLE en *A New Earth: Awakening to Your Life's Purpose* (Una Nueva Tierra: Despertar al propósito de tu vida):

• Debido a nuestro ego, buscamos constantemente la aprobación de los demás. Esta búsqueda conduce al resentimiento cuando ocurre cualquier tipo de desacuerdo, a menudo incluso uno menor. Entonces, deshazte del ego. Simplemente no ayuda. Toda esa ira, actitud defensiva, discusiones, equivocaciones, tener la razón… todo eso puede desaparecer sin peligro. La muerte de tu ego no es tu muerte. En cambio, es el comienzo de tu vida real.

• No te limites a deshacerte de tu propio ego: deja de reaccionar ante el ego de los demás. Esta es la forma más efectiva no solo de evitar discusiones, sino también de disolver la ira de la otra persona y recuperarle su cordura. Entonces puede comenzar la verdadera comunicación.

MIS PROPÓSITOS CON MI RELACIÓN:

• Aprovecharé cada oportunidad para disculparme. Pediré humildemente perdón y me perdonaré generosamente.

• Recordaré que mi ego no es mi amigo. Me hace

interpretar cada enfrentamiento como una amenaza potencial y me pone a la defensiva.

PARA EL REFRIGERADOR:

• "Prometo aprovechar todas las oportunidades para disculparme".

8

Cambia a tu pareja de la manera correcta

Después de la pelea del primer trimestre, prometí que me perdonaría. Y lo hice, pero eso no resolvió todo. Aunque en mis segundos tres meses de embarazo mis náuseas y malestar disminuyeron significativamente, la incomodidad que sentía por mi matrimonio persistió.

Matthew y yo seguíamos caminando sobre agua.

En los meses posteriores a la discusión, nos apegamos a nuestro horario de cuidado infantil. Sin embargo, no importa cuán justas parecieran las cosas en la superficie, no podía evitar la sensación de que faltaba algo. Matthew estaba haciendo su parte. Estaba sacando a Poppy, ayudando con la limpieza. Podría hacer su trabajo sin interrupciones. Pero estaba retraído. Estaba distante. Miraba el reloj, marcaba las casillas.

Solo estaba cumpliendo con su deber.

Lo cual es parte de la razón por la que, a fines de marzo, solo dos meses después de nuestra peor pelea, tuvimos otra que casi fue tan mala.

Sucedió por los platos. Bueno, no solo los platos, tal vez, sino los platos, así como mis repetidos pedidos de que

Matthew se encargara de ellos. Una noche, antes de hacerle lo que pensaba que era un favor, llevar a Poppy a una clase de arte durante dos horas durante su tiempo programado para Poppy, repetí mi petición una vez más.

"Los platos, cariño, los platos. Realmente se está poniendo muy mal. ¿Puedes ocuparte al menos de algunos de ellos mientras no estamos?".

Matthew me dio una mirada sombría y no respondió, así que suspiré, empaqué una bolsa de pañales y me fui con Poppy. Disfruté de nuestra salida, pero cuando volví más tarde esa noche, los platos todavía estaban en el fregadero... y Matthew estaba en el sofá viendo la televisión.

Al ver esto, enfurecí. En oleadas, como antes. *Me estoy cansando de esto. Ya necesito un bote. ¿Dónde está?*

No encontré un barco esa noche. Pero encontré un tronco del que agarrarme, uno lo suficientemente grande como para permitirme un breve descanso. En lugar de mencionarle mi decepción a Matthew y comenzar una discusión que no podía ganar, le pedí que se llevara a Poppy la noche siguiente.

Aceptó. Me sentí aliviada. Pero la noche siguiente, justo antes de salir por la puerta, me dijo algo por encima del hombro.

"¿Puedes lavar los platos mientras no estamos?".

No le respondí, pero él no esperó a que lo hiciera, de todos modos. Escuché pasos, luego un estallido decidido. Matthew había cerrado la puerta y se había ido sin decir adiós, algo que sabía que yo odiaba.

Mi primera respuesta: *control intestinal. Guau. Eso fue grosero. ¿Por qué me cerraría la puerta así? ¿Está enojado conmigo por pedirle que lavara los platos anoche? Qué mezquino. Ahora estamos en una pelea, ¿y para qué?*

Esa noche en el restaurante, Matthew y Poppy cenaron papas fritas y un grueso bistec, pero estando sola en casa, no comí mucho. La comida que había planeado y el libro que había seleccionado se pospusieron para otro día y me acosté en la cama y me revolqué. Cuando Matthew regresó, decidí una vez más romper mi propia regla.

Comencé una discusión por la noche.

Y estuvo mal. Estuvo mal por todas las razones por las que las peleas nocturnas repentinas suelen ser malas: emoción incontrolable debido al agotamiento y lo fresco de la herida. Sin embargo, a eso se le sumaba el resentimiento acumulado que no había podido dejar ir durante tanto tiempo.

En pocas palabras: estaba fuera de control.

La escena fue algo como esto: Matthew y Poppy llegaron a casa. Cuando me encontraron en la cama, Matthew me entregó la bebé. Con los ojos vidriosos, tomé a Poppy y comencé a amamantarla. Luego comencé con Matthew.

"Era mi primera noche libre en una semana y te fuiste enfadado. ¿Cómo pudiste ser tan grosero conmigo, Matt?".

"Todo lo que hice fue lo que hiciste tú la noche anterior. Me pediste que lavara los platos en mi noche libre".

"¿Tu noche libre? Esa era mi noche. Te la regalé. Y los platos no te habrían llevado todo el tiempo".

"Pero los platos son tu tarea. Siempre han sido tu tarea. Es como si ahora que estoy haciendo más con Poppy, tus estándares se hayan vuelto aún más altos. Quieres que empiece a ocuparme de más tareas domésticas y me estás regañando por eso todos los días. Me atengo al horario. ¿Cuánto más vas a querer de mí?".

"¿Los platos son mi tarea? No lo creo". Me levanté de la cama y dejé a la bebé en el suelo. Yo estaba temblando.

Aquí, repetimos nuestro desglose de tareas en detalle, así como nuestro horario nocturno. Veinte minutos después de gritar, todavía diferíamos en nuestras perspectivas. Si bien Matthew sentía que yo debía asumir la responsabilidad sola, yo pensaba que cada uno debía lavar lo que usábamos.

"De todos modos", concluí, "no se trata solo de los platos.

Se trata de lo grosero que fuiste conmigo. Me abandonaste, enojado. Arruinaste mi noche. Realmente necesitas disculparte por eso".

"¿Disculparme? De ninguna manera. Tú deberías disculparte. Tú eres la que me fastidia todo el tiempo".

"¿Y por qué no lo haría? Si no lo hago, convenientemente 'olvidarías' lo que se necesita hacer cada noche. Prácticamente tengo que rogarte que cumplas con tus acuerdos".

"Oye, eso no es justo. Lo haría sin que me lo recordaras. Nunca me das la oportunidad de hacerlo".

"Bien, Matthew, lo siento. Sé que he estado fastidiándote. Simplemente no sé qué más hacer".

"¿Qué tal no ser tan fanática del control? Apenas me hablas, excepto para pedirme que te ayude con algo. Me molesta menos mi jefe".

"¿Cuándo te veo siquiera? ¿Cuándo tenemos tiempo para conversar? Trabajas todo el tiempo. Ni siquiera te tomas todas tus vacaciones".

"Y sigues haciéndote las cosas más difíciles, Rachel. Sigues sin tomar siestas. Aún no consigues una niñera para que podamos salir juntos".

"¿Sabes cuánto trabajo es encontrar una niñera? Oh, no, no lo sabes, porque nunca lo has hecho".

"Bueno, no es como si no estuviera haciendo otras cosas. Desde que hicimos nuestro horario, nos hemos apegado a él. ¿Que mas quieres de mí?".

"No lo sé".

Me senté. Tomé una respiración profunda. "No lo sé, Matt. No lo sé. Quiero que seas amable, incluso cuando estés de mal humor. Quiero que quieras limpiar la casa y estar con Poppy, incluso cuando no sea absolutamente necesario".

"Quieres cambiarme".

"Sí, supongo que sí".

"Gracias, Rachel. Muchas gracias".

"No, Matt, eso no es lo que quise decir. Quise decir… no sé lo que quise decir. Realmente solo quiero ser una familia feliz y amorosa".

"Bueno, entonces tenemos que pasar tiempo en familia juntos. ¿Pero cuándo? ¿Contigo trabajando y yo sacando a Poppy todo el tiempo? ¿Hay siquiera tiempo?".

Cogí a Poppy y la abracé de nuevo contra mi pecho. Ella acarició mi pecho.

"No lo sé".

EL DÍA después de la debacle de los platos, me levanté más temprano de lo habitual. Limpié, cociné y jugué con Poppy, fingiendo que todo estaba bien.

Pero eso no resultó bien.

Por la tarde, llevé a Poppy al parque para encontrarnos con Gen y Max. Sabía que, entre bocadillos, cambios de pañales y '¡Mamá, ven a empujarme en el columpio!', no tendríamos mucho tiempo para charlar, pero en cuanto encontramos un banco y los niños salieron corriendo, me metí de lleno en el tema.

"Matt y yo tuvimos una pelea. Otra mala. Ni siquiera estoy segura de qué se trataba. ¿Tareas del hogar?".

"Oh, una de esas. Tareas del hogar. Qué catalizador".

"Sí. Me disculpé, pero fue como, 'Siento haberte molestado. ¿Puedes lavar los platos?".

Gen se rió.

"Y luego se trataba de nuestro horario, y yo sentía que a él no le importaba lo suficiente la familia, y todo lo demás, bla, bla, bla".

"Ay, lo siento, Rachel. Eso apesta".

"Lo sé. Así es".

"Entonces, ¿de verdad crees que no le importas lo suficiente? O… ¿cuál es el verdadero problema aquí?".

"No, pero sí. No lo sé. Gen, casi nunca te quejas de tu matrimonio. ¿Por qué es eso? ¿Te he preguntado alguna vez? Si no lo he hecho, déjame corregir ese error ahora".

"No creo que lo hayas hecho, Rachel. Y no sé la respuesta. Tal vez se trate de tener expectativas claras. Quién hace qué y cuándo, y todo eso".

"Sí, eso es bueno, y eso es lo que Matthew y yo hemos estado haciendo también. Desde que hicimos nuestro horario. Aún así, empiezo a preguntarme si realmente es lo correcto para nosotros. No puedo explicarlo del todo, pero parece que falta algo".

"Bueno, ¿ha estado haciendo su parte todos los días? ¿Y cómo lo hace? ¿Arrastrando sus pies?".

"Sí, él se está apegando a eso, y yo también, con bastante cuidado, y ya han pasado varios meses, así que me siento bien por eso. Pero a tu otra pregunta, sí, arrastra los pies. Y luego termino reclamándole".

"Y realmente, realmente odio reclamarle. No solo porque es territorio de hielo fino para él y tiende a ponerlo de mal humor, sino porque me hace sentir que no me ama. Empiezo a preguntarme por qué no hará su parte sin que yo se lo pida primero como una forma de demostrarme que le importa. Entonces ambos nos ponemos de mal humor".

"A veces pienso que simplemente estamos planeando por todo demasiado. ¿Por qué no puede simplemente cuidarme a mí y yo a él? ¿Por qué tiene que ser tan complicado?".

"Bueno, es complicado porque todo es complicado. Él quiere cuidarte, pero también tiene que cuidarse a sí mismo. Quiero decir, teóricamente, si ambos ponen a la otra persona en primer lugar todo el tiempo, ambos conseguirían satisfacer sus necesidades. Pero las relaciones simplemente no funcionan de esa manera. Así que saca esa idea de tu mente ahora mismo. Pierde esa expectativa. Su principal trabajo en la vida es cuidarse a sí mismo. Y también el tuyo".

"Ay", dije. "Eso es difícil de escuchar".

"¿Lo es? ¿Realmente querrías el trabajo de hacerlo feliz? Si te dejara a cargo de atenderlo, ¿cómo harías que eso sucediera? ¿Harías todo lo que te pidiera que hicieras? ¿Qué pasaría cuando lo que tu quisieras no se alineara con lo que él querría? ¿Quién ganaría? ¿Cada uno lucharía por lo que el otro quisiera? De todos modos, ¿cómo sabrías siquiera lo que querría en primer lugar?".

"Bueno. Ya lo veo. Bien".

"Tu esposo no te pondrá a ti en primer lugar todo el tiempo. Algunas veces, pero no todas. No sucederá", dijo Gen.

"Lo entiendo".

"Pero sí, es complicado. Y seguirá así. Ya es bastante difícil cuando solo hay que considerar las necesidades de dos personas, pero ahora son tres. Dicho esto, probablemente podrías simplificar un poco las cosas".

"¿Cómo?".

"Cuando estaba embarazada de Max, Richard y yo llegamos a un acuerdo. Como era nuestro tercero, sabía que mi tiempo a solas básicamente había terminado, al menos hasta que los niños estuvieran en la escuela. Entonces, en lugar de tratar de encontrar un horario exacto para que funcionara, le dije que todo lo que realmente quería era que él estuviera presente con nosotros después de que llegara a casa del trabajo, colaborando y haciendo lo que pudiera hasta que todos los niños estuvieran en la cama".

"Guau. ¿Y cómo fue eso?".

"¿Honestamente?", dijo Genevieve. "Fue lo mejor. Antes de eso, estábamos haciendo lo que ustedes están haciendo: planificar nuestras tardes y fines de semana con la mayor antelación posible. Pero bueno, nunca se sintió del todo justo. Siempre fui el padre predeterminado, el que estaba de servicio cuando no se negociaba nada más. Después de esa conversación, nuestro matrimonio cambió de verdad. Se convirtió más en una asociación".

"Seguimos esa pauta la mayoría de los días de la semana, y también gran parte de los fines de semana. Cuando Richard llega a casa, juega con los niños mientras yo ceno y nos turnamos con las tareas del hogar y la hora de dormir. Es bueno para todos nosotros, de verdad. Incluso Richard no puede imaginarlo de otra manera. Se ha acostumbrado a estar juntos en familia todas las noches".

"Eso suena increíble", dije. "¿Pero crees que Matt optaría por algo así? Sería un cambio tan grande".

"Pero él ya está haciendo mucho. Tal vez preferiría no tener un horario tan estricto. Tal vez él también extraña tu tiempo relajado y no programado".

"Tal vez. O tal vez nuestras expectativas se volverían confusas de nuevo, y yo estaría quejándome aún más que antes".

"Nunca lo sabes. Te sorprenderías".

"Si funcionara, lo estaría. Se sentiría como un golpe. Como si algo fundamental hubiera cambiado en la personalidad de Matthew. Y sabes lo que dice la gente sobre intentar cambiar a tu pareja".

"¿Qué? ¿Que no es posible? Están equivocados".

"¿Qué?".

"Oh, Rachel. Todos cambiamos a nuestras parejas, todo el tiempo".

"¿Cómo? ¿Qué quieres decir?".

"Las personas cambian, en pequeñas formas, para reflejar las expectativas que tienes de ellas. Y más aún en el matrimonio. La mayor parte del tiempo, lo que crees que obtendrás es lo que conseguirás. Pueden sentirlo y se encuentran actuando como crees que actuarán".

"Entonces, ¿he cambiado a Matthew?".

"¿Qué piensas?".

"Hmm… sí, creo que sí. Una de las primeras cosas que aprendí después de tener a Poppy fue cambiar mis historias sobre él, ver lo mejor en él. Después de eso, noté un gran cambio: estaba menos de mal humor. Luego ambos aprendimos a hablar en lugar de emocionarnos por todo de inmediato. Creo que él también siguió mi ejemplo en eso. Sigue sin disculparse todas las veces, y todavía hace cosas hirientes, pero siempre que estoy de buen humor, es mucho más probable que él también esté agradable. El otro día me sentí muy positiva y él se dio cuenta de eso. Me envió un mensaje de texto que decía: 'Te amo'".

"Eso es lindo".

"Lo sé. Y no hace esas cosas solo para hacerme sentir bien. Solo lo hace cuando realmente se siente así".

"Richard también. Entonces parece que lo que estás diciendo es que Matt ha cambiado para mejor, pero no por fastidiarlo. Sobre todo, al mejorar tu actitud".

"No lo sé. Tal vez. Quizás regañar también ayude un poco. Hay momentos en los que creo que sí".

Pero regañando amablemente. Regañando suavemente, y no todo el tiempo".

"Sí. Es un tipo diferente de regaño. Más alegre".

Al momento, una interrupción. Primero una, luego una cascada. Max necesitaba ir al baño, luego los dos niños necesitaban comida y agua. Cuando las fichas de dominó dejaron de caer, continué donde lo dejamos.

"Básicamente, Gen, lo que me estás diciendo es que, ¿a veces puedo cambiar a Matt esperando lo mejor de él?, y ¿otras veces puedo aprender a regañar de una manera agradable o tener una conversación respetuosa y bien planificada?".

"Podría haber dicho todo eso, sí. Vale la pena intentarlo de todos modos. No está de más intentarlo. No funcionará con todo, pero es posible que te sorprendas. Considéralo todo. Muéstrale los beneficios. La mayoría de las veces, lo que quieres es lo que también lo hará feliz a él".

ESA NOCHE, después de que Matthew llegó a casa, preparé unas palomitas de maíz, su bocadillo favorito, y nos sentamos en la sala de estar y hablamos de nuestra relación una vez más.

"Sé que las cosas han sido difíciles durante los últimos meses", le dije. "Y lamento no haberlas mantenido un poco mejor. He estado buscando pelear y lastimarte, y realmente ya no quiero hacer eso".

Matthew me miró agradecido. *Es fácil de ablandar, me di cuenta. Se necesita un gesto tan pequeño. Una disculpa. Un toque cariñoso. Incluso una sonrisa suele ser suficiente. ¿Por qué no hago esto más seguido?*

"Hablé con Gen hoy y le conté un poco sobre esto, y ella hizo una muy buena sugerencia. Dijo que cree que nuestro horario ha sido excelente, pero que podríamos necesitar un poco más de flexibilidad. ¿Cómo te sentirías si ambos trabajáramos juntos por las noches, en lugar de turnarnos como lo hemos hecho? No quiero que seamos compañeros de trabajo, mirando el reloj todo el tiempo, tomando las cosas por turnos. Quiero que seamos más como socios".

"Interesante", respondió Matthew. "Eso realmente tiene sentido. Cada noche discutimos lo que tenemos que hacer, o simplemente pasamos la noche juntos".

"Exactamente".

"Hmm... sí. Podríamos intentarlo".

En los años siguientes, sabría el verdadero significado de esta conversación. Esa noche, sin embargo, solo lo sospeché. Tomé otro montón de palomitas de maíz y cuando Poppy extendió la mano, le puse unos granos. Mientras miraba su rostro, luego el de Matthew, sentí un profundo amor por ellos, así como una gran sensación de alivio.

Es cierto, pensé, *no necesito que Matthew siempre me cuide o me ponga en primer lugar. Yo puedo hacer eso. Pero lo necesito para estar ahí.*

El diario de mi relación: abril
Lección: Cambia a tu pareja de la manera correcta

NOTAS Y CITAS DE LIBROS:

KIRA ASATRYAN, coach de relaciones, en un artículo en PsychologyToday.com:

- Modela los cambios que deseas ver en tu pareja. Esto funciona en parte porque tendemos a reflejarnos en las personas que nos rodean, y en parte porque saber lo que debe hacer es más poderoso que saber lo que no debe hacer.
- Muéstrale a tu pareja que está cambiando de una manera que también le importe.

DAN SAVAGE en StarTalkRadio.net:

- Es posible lijar algunas de las imperfecciones de tu pareja, pero también hay cosas que nunca cambiarán. Estas cualidades son lo que Savage llama 'el precio de admisión'.
- "Y hay que preguntarse, ¿vale la pena pagar el precio de admisión por esta persona para aguantar todo? Y no aguantarlo y quejarse y culparlo por ello todo el tiempo, aguantarlo y callarlo".

MIS PROPÓSITOS CON MI RELACIÓN:

- Descubriré exactamente lo que quiero cambiar sobre mi pareja y nuestra relación. Esto puede ser más difícil de lo que parece.
- Determinaré si puedo o no ayudar a mi pareja a

hacer el cambio. Las grandes alteraciones de carácter no son mi territorio. Pueden ser cambios de hábitos, horarios y circunstancias.

• Solo buscaré un gran cambio a la vez. Esto me ayudará a aclarar mis necesidades, limitar las quejas y manejar mis expectativas.

• Aprenderé el arte de la 'queja lenta'. Una vez que tenga un objetivo principal claro, en lugar de usar la técnica clásica de regañar, gimotear y repetir, usaré cumplidos, observaciones independientes y bromas para alentar de buena gana el cambio que quiero ver. De vez en cuando, una solicitud directa cortés también servirá. Un ejemplo de una observación imparcial: "Ese tipo acaba de criticar a su esposa con sus amigos. Qué perdedor". Un chiste: "¡Tú, pequeño apestoso! ¡Saca tu apestoso trasero de la cama!". Y una solicitud directa: "Realmente prefiero que uses un tono de voz educado cuando me pidas que haga algo".

• Ocasionalmente, después de que el enfoque lento no haya funcionado, usaré el método de confrontación. Durante la confrontación usaré declaraciones de "yo siento" y "últimamente parece", en lugar de declaraciones de "tú eres" y "tú siempre". Me centraré en problemas y soluciones en lugar de los defectos de carácter percibidos.

• Yo también cambiaré. Y hablaré de ello con mi pareja.

•Seré paciente. La gente cambia. La gente crece. Si sigo esperando lo mejor de mi esposo, él continuará moviéndose en esa dirección por lo general (aunque a veces con bastante lentitud).

• Aceptaré las cosas que no puedo cambiar de Matthew, incluso después de cuatro mil sugerencias y conversaciones súper amables.

PARA EL REFRIGERADOR:

- "Prometo no reclamarte para que cambies, sino alentarte suavemente en su lugar".

9

Revisa tu endocrinología

En agosto di a luz a nuestro segundo hijo, un niño. Tenía el pelo rubio y un comportamiento plácido. Lo llamamos Harper. En el mismo hospital que Poppy. La misma partera también. Incluso reconocí a una de las enfermeras. Pero si buscáramos similitudes en las experiencias, no habríamos encontrado muchas. El nacimiento de Harper fue, bueno... fue mejor.

Parte de la mejora podría deberse a un temor menor; ya había hecho esto una vez y sabía que podía hacerlo de nuevo. También tomé mejores decisiones: recibí la epidural antes. Caminé más, lo que aceleró las cosas. Pero el mayor cambio fue en la participación de Matthew. Me atendió, trayendo hielo y toallas. Calculó mis contracciones y presionaba "reproducir" en mi audiolibro. Se ocupó de Poppy, le explicó todo y, significativamente, estaba más cerca.

Me pregunté sobre el cambio. ¿Era porque Matt ya era padre y la cuestión de la paternidad se sentía más natural? ¿Era porque hablé con él de antemano, describiendo mis expectativas de una manera amorosa? ¿O era simplemente porque no podía relajarse en casa como la última vez ya que esta vez tenía que cuidar de Poppy?

Cualquiera que fuera la causa de esa diferencia, aprecié el tiempo que pasamos juntos. Con Harper en mis brazos y Matt y Poppy a mi lado, mi recuerdo de la experiencia se convirtió en un gozo puro. Y también había otra razón para estar agradecida. Una semana después de llegar a casa, noté que me sentía diferente a como me había sentido la primera vez. No lloraba por la noche, o para el caso, durante el día. Estaba eufórica por verlo y la cercanía física del bebé. Cuando tres semanas después mi depresión posparto aún no había vuelto, le mencioné la mejoría a Matthew. Dijo: "Quizás no fue la depresión posparto. Tal vez solo fui yo".

"Probablemente". Sonreí. "Estoy bromeando".

Estaba bromeando. Sin embargo, también era cierto que desde que tomamos la decisión de trabajar juntos todas las noches, equilibrando las tareas entre nosotros, mis niveles de estrés eran significativamente más bajos. Ahora, rara vez Matthew se deslizaba hacia la sala de televisión después de la cena, dejando que Poppy concentrara sus peticiones en mí; en cambio, esperaba hasta que nos fuéramos a la cama para estar solos. Nuestro tiempo juntos se hizo más frecuente, más largo y más satisfactorio, en gran parte porque cada tarde, o Matthew o yo decíamos las palabras mágicas. "¿Qué te gustaría hacer esta noche, cariño?". Era una pregunta que se parecía más a una respuesta. Con eso, reconocimos que ya no era yo el padre predeterminado, que ahora Matt también estaba involucrado. Muchas noches, solo le pedí a Matt que jugara con los niños mientras yo preparaba la cena y lavaba los platos. Aceptó el papel con facilidad, incluso con entusiasmo, y a menudo también encontraba tiempo para ayudar con las tareas del hogar.

"Guau", dije una noche después de ver a Matthew comenzar a lavar la ropa sin que se lo pidiera. "De repente, tengo un marido moderno".

"Supongo que eso es lo que soy ahora", respondió Matthew. "No es que realmente fuera mi elección".

"¿Preferirías tener nuestro programa de actividades de regreso? Porque, ya sabes, podríamos hacerlo".

"No", dijo Matthew. "Estamos más allá de eso. Hemos trascendido ese programa, en gran parte".

"No completamente".

"Cierto. Todavía necesito algunas garantías en la vida ".

Luego, en nuestro segundo mes con Harper, sucedió algo que me ayudó a apreciar aún más a mi esposo. Ese algo fue un libro maravilloso. Recomendado por Genevieve y devorado por mí en un solo día, '*Venus on Fire, Mars on Ice: Hormonal Balance—The Key to Life, Love and Energy*' por John Gray (Venus al rojo vivo, Marte bajo cero: equilibrio hormonal: claves para amar, vivir y superar las diferencias entre ellos y ellas) que fue exactamente lo que necesitaba, cuando lo necesité. Este libro describía algunas de las principales diferencias entre hombres y mujeres y (significativamente) las razones hormonales de ello. Y para cuando di vuelta a la última página, algo dentro de mí había cambiado.

Aunque antes del nacimiento de Harper, mi resentimiento había disminuido considerablemente, la sensación nunca desapareció por completo. Luego nació Harper, y en fragmentos, regresaba. Nada que no pudiera manejar, pero aún así. En parte, me sentía enojada porque Matthew no podía hacer algunas de las cosas que más necesitaba hacer. Tuve que volver a amamantar, a menudo y a veces dolorosamente. Tenía que despertarme con el bebé por la noche. Y, para que no lo olvidemos, tenía que empujar al niño fuera de mi cuerpo. Sin embargo, al leer 'Venus al rojo vivo', hubo un cambio que fue más profundo que la transferencia de información. Hubo el comienzo de una curación. Mis expectativas habían cambiado. Mi resentimiento crónico había desaparecido.

Por primera vez, sentí que no solo entendía a mi esposo, sino que también apreciaba nuestras diferencias.

Los hombres realmente son hombres, me di cuenta mientras leía.

Realmente son lo suyo. Necesitan todo ese tiempo a solas que a veces se siente tan egoísta. No necesitan hablar tanto como las mujeres. No obtienen un aumento de oxitocina cada vez que ayudan a alguien; al contrario, la testosterona los pone un poco irritables.

Y eso está bien.

El diario de mi relación: agosto
Lección: Revisa tu endocrinología

NOTAS Y CITAS DE LIBROS:

JOHN GRAY en *Venus on Fire, Mars on Ice: Hormonal Balance–The Key to Life, Love and Energy* (Venus al rojo vivo, Marte bajo cero: equilibrio hormonal: claves para amar, vivir y superar las diferencias entre ellos y ellas):

- Muchas de las diferencias entre hombres y mujeres se deben a diferencias en las hormonas, tanto en sus niveles como en la forma en que se comportan en sus cuerpos.
- Cuando se sienten estresados, los hombres buscan actividades que eleven y liberen testosterona, como la resolución de problemas y el descanso tranquilo y sin palabras. Cuando se sienten estresadas, las mujeres buscan actividades que aumenten y liberen oxitocina, como hablar, establecer vínculos afectivos y cuidar de los demás.

AARON BECK en *Love Is Never Enough: How Couples Can Overcome Misunderstanding* (El amor nunca es suficiente: cómo las parejas pueden superar los malentendidos):

- Los estilos de comunicación masculinos y femeninos son instintivamente diferentes.
- Los hombres no hacen tantas preguntas personales, ya que sienten que hacerlo es intrusivo. Las mujeres hacen muchas preguntas para demostrar que les importa.

MIS PROPÓSITOS CON MI RELACIÓN:

- Haré que el tiempo a solas de Matthew sea una prioridad.
- También me concederé tiempo libre cuando lo necesite.
- Me comunicaré claramente. No esperaré a que Matthew ofrezca descansos, cumplidos, palabras de agradecimiento o cualquier otra cosa; en cambio, se lo pediré.
- Me enfocaré en las soluciones, no en las emociones. Este es un tipo de conversación más fácil para los hombres.
- Hablaré de mis sentimientos con mis amigas, más a menudo que con mi esposo.
- Evitaré la tentación de comparar vidas. Claro, la cantidad de horas que trabajo es mayor que la cantidad que trabaja Matthew. Pero puedo jugar con Poppy y pasar tiempo con amigas. Él tiene que ir a una oficina. Con un jefe.

PARA EL REFRIGERADOR:

- "Prometo centrarme en las soluciones, no en las emociones".

10

No te defiendas

Yo estaba aprendiendo. Matthew estaba aprendiendo. Y, sin embargo, teníamos un largo camino por recorrer; eso estaba claro para los dos. Al doblar la esquina del tercer año, nos recibió otro obstáculo, aunque mirando hacia atrás, no estoy segura de por qué sucedió exactamente. ¿Fue porque después de dos años de tensión intermitente habíamos olvidado cómo estar cómodamente enamorados? ¿Era porque habiendo resuelto varios problemas aparentemente insuperables, ahora estábamos esperando, incluso buscando, otro?

¿Habíamos convertido la molestia en un hábito?

Cualquiera que fuera el origen de nuestro más reciente problema, su naturaleza era evidente: los pequeños errores o los pasos en falso eran desproporcionados, como pequeñas minas terrestres de relación. Cuando repetidamente dejaba la puerta principal abierta mientras transportaba cosas hacia y desde el automóvil, Matthew señalaba furiosamente todos los insectos. Cuando Matthew se quitaba los zapatos cerca de la puerta, dejándolos directamente en mi camino, yo los recogía y los arrojaba al otro lado de la habitación. Cuando rayé el auto, Matthew se mostró sarcástico y grosero, y cuando Matt no contestaba su teléfono celular, le enviaba un mensaje de texto enojada. En resumen: uno de nosotros molestaba y el otro se molestaba. Nada demasiado dramático, pero necesitábamos un mecanismo de afrontamiento diferente.

Por supuesto, también hubo peleas más grandes, peleas que eran más raras que antes, pero aún así eran horribles. Para entonces, habíamos aprendido a no gritar la mayor parte del tiempo, pero no fue una solución total.

Incluso cuando estábamos hablando, se sentía terrible.

Afortunadamente, teníamos más que celebrar que temer. En tan solo veinticuatro meses desde que nos convertimos en padres, habíamos aprendido mucho sobre las relaciones. Habíamos aprendido a reírnos de nosotros mismos. A esperar lo mejor del otro. A ser amables. A pedir disculpas. Habíamos aprendido a negociar, a regañar de la manera correcta. A hablar sin gritar. A hablar en absoluto. La pregunta ahora en mi mente: ¿Qué tan bueno era lo suficientemente bueno?

¿Cuánta paciencia, amabilidad, madurez, ecuanimidad, desinterés y, bueno, lógica se podría esperar razonablemente de tu pareja?

Antes de que la paternidad me agarrara del cuello y me sacudiera, nunca pensé en hacer la pregunta. "¿Nos tratamos bien todo el tiempo?", le habría dicho a cualquiera que la hiciera. "No estamos de acuerdo en todo, pero ¿siempre somos amables?". Pero, para citar a Genevieve, si me graduaba de paternidad con una sola A, probablemente la hubiera obtenido en Humildad. Ya no asumía que mi matrimonio era a prueba de balas; ahora recordaba con frecuencia las debilidades. Y así, mientras el Año Uno me enseñó a amar mejor, el Año Dos, me enseñó cómo comunicar mis necesidades, el Año Tres me enseñó cómo permitirme mejor a aceptar a Matthew como era y a estar en paz.

El argumento que mejor representó nuestra lucha del tercer año comenzó, como tantos otros, con un comentario, uno que al principio parecía bastante inocente. Después de que pasaron tres meses completos sin una cita de mamá y papá, aceptamos una invitación a una fiesta. Nos vestimos y luego preparamos a los niños, demasiado apresurados para admirar la mejor apariencia del otro. Cuando finalmente llegamos a la guardería, lo hicimos tarde y estresados, y no disfrutamos en absoluto de la experiencia.

La mujer de la recepción no pareció darse cuenta. Sonrió, dio la bienvenida a Poppy y Harper y les presentó a los otros niños. Hubo un alegre adiós, y cuando volvimos al auto, el alivio se apoderó de nosotros.

"Está tranquilo", dije.

"Es extraño, ¿no?", Matthew respondió. "No lloran tanto. Pero son realmente… ruidosos".

"Son ruidosos en nuestras cabezas, incluso cuando no están hablando ni llorando".

Matthew se rió. "Es muy cierto. Cariño, me alegro de que estemos haciendo esto. Gracias por planificarlo".

"De nada. ¿Por qué no lo hacemos con más frecuencia?".

Y fue entonces cuando sucedió: Matthew dijo algo que no esperaba, algo que me lastimó más de lo que podía haber predicho.

"No lo sé. Quizás porque últimamente no hemos sido tan felices. No queríamos pasar tanto tiempo juntos como antes".

Mi primer pensamiento fue, *¿No quiere pasar tiempo conmigo? ¿Realmente ha sido tan malo? Justo cuando pensaba que las cosas estaban mejorando mucho. Realmente desearía que no hubiera dicho eso.*

Aunque estaba herida, decidí no mostrarlo. Cambié de tema, no quería arruinar la noche. Y una vez que llegamos a la fiesta, me alegré de haberlo hecho. En presencia de otros, volvimos a nosotros mismos. Bromeamos y hablamos, y estábamos al lado del otro.

Esa noche, antes de irnos a dormir, mencioné el comentario de nuevo, pero no con enojo exactamente, más como en defensa propia. Quería decirle a Matthew por qué no estaba de acuerdo con lo que había dicho. Quería explicarle que después de tòdos los altibajos pudo haber perdido la perspectiva.

"Cariño, ¿qué quisiste decir hoy temprano cuando dijiste que no hemos sido felices últimamente?", pregunté. "Dijiste que no has querido pasar tiempo conmigo. ¿Lo decías en serio?".

"¿Te refieres a lo que dije en el auto?", dijo Matthew. "Cariño, no seas tan sensible. No quise decir que nunca quiero pasar tiempo contigo. Solo quise decir que las cosas han sido difíciles".

"Pero no todo está mal, Matthew. En su mayoría tenemos días buenos, ¿no? ¿No aprecias todo lo que hemos pasado y lo lejos que hemos llegado?".

"Sí", dijo Matthew. "Pero para mí, todavía falta algo. Quiero sentirme cerca de ti".

Aquí, me aparté de él y me senté en la cama.

"¿Estás diciendo que no te sientes así? Siento que solo miras lo que está mal entre nosotros e ignoras todo lo demás, todo lo bueno".

"Sé que ya no estamos peleando todo el tiempo y me alegro por eso. Pero todavía estamos luchando, ya sabes".

Y fue entonces cuando me puse a llorar. Fue un grito silencioso, de esos que no se detectan fácilmente en la oscuridad. Para ocultarlo, simplemente tuve que volver la cara.

"Nos divertimos esta noche", dije después de una larga y lenta respiración.

"Sí, lo hicimos".

"Así que al menos es una buena señal".

"Sí. Pero tenemos que hacerlo mejor".

"Guau. No tenía idea, cariño. Realmente no sabía que te sentías así. Haces que parezca que soy una mala esposa".

"Eres una madre realmente buena, Rachel. Pero no siempre eres una buena esposa. A veces, te olvidas de mí".

Matthew puso su mano en mi espalda, pero me alejé, luego solté un fuerte sollozo. Salí del dormitorio y, cuando

Matthew me siguió, fui al dormitorio de invitados y cerré la puerta con llave detrás de mí. Luego me quedé allí el resto de la noche.

Así que piensa que es culpa mía que las cosas no sean perfectas entre nosotros. Guau. Cuán absolutamente predecible. Yo fui quien planeó nuestra cita esta noche. ¿Qué ha hecho últimamente para acercarnos? Todo lo que hace es criticar y culpar.

¿No puede al menos ver lo mucho que lo estoy intentando? Todos los días, me esfuerzo muchísimo. Todo lo que quiero para él es que sea feliz y que seamos una familia feliz. Estoy haciendo el trabajo y él solo lo critica.

LA MAÑANA después de la explosión de la Mala Esposa, todavía estaba molesta y avergonzada también. Me duché en el baño de visitas y evité a Matt en la cocina, luego me llevé a Poppy rápidamente. Después de hacer lo que debía, Poppy y yo caminamos hacia el parque. Hacía frío, pero el sol brillaba. Mientras la seguía de tobogán a columpio, mirándola jugar, recordé el consejo que había recibido dos años atrás de Marianne. "Pregúntate qué hacer. Usa tu intuición", había dicho. Había funcionado antes. Quizás funcionaría de nuevo.

Empecé con una revisión: la pelea, mi interpretación. Mi afirmación de que Matt me estaba culpando de todas nuestras dificultades. Pensé en mi miedo de que no se sintiera cercano a mí porque ya no me amaba. Entonces dije: "¿Y ahora qué?", y me quedé callada.

La respuesta llegó rápidamente: "¿Y si nada de esto importa?".

"¿Qué quieres decir?", pregunté. "¿No importa? Claro que sí. Matt prácticamente me dijo que está decepcionado conmigo como esposa. Si eso no importa, nada lo hace".

"¿Pero lo hizo, Rachel? ¿Es esa la verdadera historia? E incluso si lo es, ¿qué puedes hacer al respecto?".

"Bueno, podría hablar con él. Podría explicarle, con

calma, espero, lo herida y triste que me hizo sentir el comentario. Podría recordarle todas las cosas que he hecho por él y por nuestra familia. Cuánto hago todos los días. Podría pedirle que se disculpe".

"Sí, podrías. Y podría servir. Pero la forma en que te sientes, Rachel, no se trata de él, no lo creo. ¿Recuerdas al terapeuta que conociste en esa fiesta que te dijo que, en general, tus sentimientos acerca de una pelea son el veinte por ciento acerca de la pelea y el ochenta por ciento acerca de ti? Bueno, estás en la zona de los ochenta, tratando de lidiar con esa parte. El veinte está ahí, pero solo es el veinte".

"Bueno. Digamos que te creo. ¿Que quieres que haga? ¿Nada? ¿Dejar pasar el comentario?".

"No exactamente, Rachel. Pero, ¿qué crees que pasaría si, solo esta vez, no te defendieras? ¿Qué pasaría si cuando llegue a casa después del trabajo esta noche, esperando una discusión, simplemente no se la das?".

"Eso es una locura. ¿No defenderme?".

"Piénsalo".

Entonces lo hice. Y … tenía sentido. Fue brillante. Fue valiente. *¿No defenderme?*, me pregunté mientras Poppy y yo nos dirigíamos a casa. *¿Me estoy rindiendo? ¿O estoy soltando?*

ESA NOCHE, cuando Matthew llegó a casa, lo saludé alegremente. Le entregué el bebé y luego comencé a preparar la cena. Con tocino y panqueques, lo miré a los ojos, con una sonrisa. "Te amo cariño. Realmente lo hago. Y me estoy esforzando mucho por ser una buena esposa".

"Lo sé, Rachel. Y lo eres. Por supuesto que lo eres".

Me reí. *Claro que lo soy. ¿Claro que lo soy? Bueno.* "Bueno, no es así como me imaginé el final de esta pelea. ¿Sin pedir una explicación por mi comportamiento? ¿Sin analizarlo, sin resolverlo, sin lidiar con eso?".

"¿Lidiar con eso?, pensé que eso era lo que acabábamos de hacer".

"¿No quieres saber por qué me enojé tanto contigo?".

"Yo sé por qué. Fue una noche difícil. Tu estabas cansada".

Asentí con la cabeza, mi sonrisa se desvaneció. *Estaba cansada. Así que no es que fueras insensible o dijeras cosas malas. Estaba cansada. Ese fue el problema.* Le di una mordida al panqueque.

Entonces, no lo entiende. No sabe por qué estaba molesta. Pero espera, ¿qué es esto? ¿Es... paz? ¿De verdad estoy disfrutando la sensación de no ceder a mi ego, de no probar mi punto? Tal vez. Sí, definitivamente. Lo estoy.

"Deberíamos haber preparado verduras", dije.

"Sí", dijo Matthew. "Esto es... mucho".

"Mañana por la noche, verduras".

"Verduras y arroz".

El diario de mi relación: diciembre
Lección: No te defiendas

NOTAS Y CITAS DE LIBROS:

JOHN GOTTMAN en *Why Marriages Succeed or Fail and How You Can Make Yours Last* (Por qué los matrimonios tienen éxito o fracasan y cómo puedes hacer para que el tuyo dure):

- Hay cuatro asesinos principales en las relaciones: la crítica, la actitud defensiva, el desprecio y la evasión. La actitud defensiva hace que las discusiones se intensifiquen y se desvíen. Mantén este mal hábito cuidadosamente bajo control.

BYRON KATIE en *Who Would You Be Without Your Story? Dialogues with Byron Katie* (¿Quién serías sin tu historia? Diálogos con Byron Katie):

- "Si hay una guerra en mi vida, yo la inicié. No hay excepción. Si la guerra termina en mi vida, la termino. La termino o no termina. Sin excepción".
- Byron Katie también suele decir: "La defensa es el primer acto de guerra". El primer acto de guerra no es el primer comentario mezquino o comportamiento hiriente. Eso es solo algo que sucedió. La guerra implica una respuesta.

ECKHART TOLLE en *A New Earth: Awakening to Your Life's Purpose* (Una Nueva Tierra: Despertar al propósito de tu vida):

- "La no resistencia, el no juzgar y el desapego son los tres aspectos de la verdadera libertad y la vida iluminada".

PADRE THOMAS MERTON en *The Wisdom of the Desert* (La sabiduría del desierto):

- "Y si alguien habla contigo sobre algún asunto, no discutas. Pero si la persona habla correctamente, di: 'Sí'. Si habla indebidamente, di: 'Tú sabes lo que estás diciendo'. Pero no discutas sobre las cosas que te ha dicho. Así tu mente estará en paz".

MIS PROPÓSITOS CON MI RELACIÓN:

- Cuando me enfrente, no saldré inmediatamente en mi propia defensa. En cambio, diré "pensamiento interesante" o "está bien". Después de escuchar atentamente, podría decir "No estoy de acuerdo" o "Estoy de acuerdo". Por lo general, no se requerirá ninguna elaboración.

- Cuando me parezca necesario explicar mis acciones y comportamientos, esperaré hasta el momento en que la otra persona esté dispuesta a escuchar. Antes de hacerlo, pediré y recibiré su permiso. Sin excepciones.
- Cuando alguien use un tono de voz molesto o enojado cuando me hable, en lugar de defenderme, le preguntaré si se siente bien.
- Si alguien es hiriente, le pediré cortésmente que se disculpe. Hacerlo no cuenta como actitud defensiva, solo respeto por uno mismo.
- Le daré a la gente, incluso a mi pareja, la libertad de no agradarle a veces y de estar en desacuerdo conmigo a menudo.

PARA EL REFRIGERADOR:

- "Prometo escuchar primero".
- "Prometo pedir permiso antes de contar mi versión de los hechos".

11

Aprecia el regalo

Un día, poco después de la explosión que tuvo la 'Mala Esposa', Matthew no almorzó, y se notó. Al llegar a casa después del trabajo, me saludó lastimosamente. Luego, rápidamente pidió algo de comida.

"Tengo hambre", dijo, dejando caer su portafolios en el suelo y dando vueltas a mi alrededor dirigiéndose a la cocina. "Trabajé durante el almuerzo. ¿Que hay para cenar?".

"Hola, cariño", dije. Lo seguí hasta la cocina. "No estoy segura. Supongo que no hay mucho. No he ido a la tienda".

Esta vez, no solo me estaba disculpando; realmente me sentí mal. A Matthew le encantaba la comida, pero cocinar no era mi especialidad. He dicho muchas veces que nunca podría cocinar y que estaba mejor con ello.

Eso sí, no siempre fue así. Cuando Matthew y yo nos juntamos por primera vez, disfrutaba prepararle una comida bien planificada. Hacerlo no era una dificultad, sino uno de los pequeños placeres de mi día, una forma de expresar mi amor y ser cariñosa. Sin embargo, después de que nació la bebé, la preparación de la comida ya no fue ese descanso productivo de mi computadora y una oportunidad de hacer algo bueno por mi pareja.

De repente, se convirtió solo en una maldita tarea.

Y así, lo descuidé. Cocinaba con menos frecuencia y menos bien, y de vez en cuando le pedía a Matthew que ordenara o cocinara él mismo. Pronto, él preparaba muchas de sus propias cenas y yo estaba comprando algo rápido para los niños y para mí antes de que él llegara a casa.

"¿No hay comida?" preguntó. "¿Nada? ¿Otra vez? Cariño, tengo mucha, mucha hambre".

"Lo sé, Matt. Lo siento. Fue uno de esos días".

"Fue ese tipo de día otras tres veces esta semana".

"Matt, vamos. No empieces conmigo. Puedes prepararte la cena".

"No es solo eso. Me has estado ignorando. Estoy harto de sentirme como si estuviera en el último lugar".

"Cuidado. Le estás dando demasiada importancia a esto. No cocinar no significa que no te ame".

"Así me siento".

"¿De verdad?".

"Sí".

Sin embargo, no sé qué hacer al respecto, Matt. No puedo hacer todo, sabes. Algo tiene que caerse de mi plato. Por así decirlo".

Matthew no respondió. En cambio, agarró las llaves de su auto y se dirigió a la puerta principal con el tipo de bufido que te hace defenderte mentalmente durante la siguiente hora. Se fue sin dar explicaciones y luego regresó con una pila de tacos.

En ese momento, yo también estaba enojada.

"¿Fue realmente tan difícil?", pregunté mientras me unía a él en la mesa del comedor.

"Bueno, tomó cuarenta y cinco minutos".

Suspiré. "Cariño, mírame, ¿quieres? Estoy agotada. Estoy rendida. He estado yendo sin parar todo el día. Cada día se siente como un maratón. ¿Qué más quieres que haga?".

"Quiero comida".

Dejé de comer mis tacos. Un viento fuerte llenó mis pulmones, pero lo solté lentamente. Luego, en ese pequeño momento, tomé una gran decisión.

Decidí no enojarme.

Respiré hondo, luego otra respiración. Luego bebí un vaso de agua. Después comí unos tacos, logré esbozar una sonrisa, una sonrisa falsa, pero una sonrisa de todos modos.

Eso ayudó.

"¿Sientes que no te presto suficiente atención, Matt?".

"Sí", dijo, exhalando un poco. "O tal vez, como si no me respetaras tanto como antes. Algo como eso. No lo sé".

"Te respeto, cariño. Lo hago. Estoy haciendo lo mejor que puedo".

Él no respondió y yo no continué.

Esa noche, estuvimos callados, ambos callados. Matt realmente no quería hablar y yo estaba practicando mi nueva estrategia de no estar a la defensiva. Mientras nos sentamos juntos en el sofá, viendo una película, sin tocarnos, me di cuenta de algo: estaba bien.

Matt está enojado conmigo, pensé, fingiendo prestar atención a la pantalla. *¿Cuál es el problema, de todos modos? Hice lo que pude. Le dije que me preocupaba por él. Mantuve la calma y no empeoré las cosas. No quería escuchar mi versión, así que aquí estamos, en el sofá. Como que nos ignoramos el uno al otro, pero todavía estamos juntos. Estará enojado por un tiempo, pero estará bien. Está bien.*

Para mí, esto fue una revelación.

Esa semana, mientras Matt recuperaba lentamente una perspectiva más positiva sobre nuestra relación, y yo seguía tranquilizándolo, contemplé la lección un poco más allá. De todos modos, me pregunté, ¿cuál era el sentido de las relaciones? ¿Son para hacernos sentir bien todo el tiempo? No, me di cuenta. No son para eso. Las relaciones, especialmente los matrimonios, tienen que ver con el crecimiento. Se trata de aprender a comprometerse y a comunicarse y, demonios, simplemente ser una persona más amable. ¿Realmente quería que Matt hiciera todo lo que yo quería que hiciera tan pronto como yo quisiera que lo hiciera? ¿De qué le serviría a alguien un marido robot?

Mirando hacia atrás en esa semana, me pregunto si ese fue el momento en que supe por primera vez, realmente supe que las cosas iban a estar bien con Matt y conmigo. Desde que tuvimos nuestro primer hijo juntos, hemos aprendido muchas lecciones, pero, alguna de las otras lecciones ¿afectaron completamente mi actitud hacia Matt? En cualquier caso, el cambio que sucedió dentro de mí esa semana fue verdadero y realmente se afianzó. Desde ese momento en adelante, siempre que Matt y yo no estábamos de acuerdo sobre algo significativo, recordaba sentirme al menos un poco agradecida por la lucha.

Así es como me estoy convirtiendo en una mejor persona, me dije. *Así es cómo. Solo esto. De ninguna otra manera.*

El matrimonio es un regalo y los desafíos son parte del paquete. Veo cómo el estar casada me está cambiando y me gusta.

LA SEMANA SIGUIENTE VI A GENEVIEVE. Me preguntó cómo iban las cosas con Matt y conmigo. Le hablé de mi cambio de perspectiva, de cuánto aprecié todo lo que había aprendido durante los últimos años. Y le dije que yo también me aprecio más que nunca.

"Realmente amo todo lo que ha sucedido con Matthew desde que me convertí en madre", dije. "No solo las cosas buenas, sino también las malas. Me ha llevado de ser una esposa que realmente ama a su esposo a ser una esposa que realmente ama a su esposo y también sabe cómo ser buena consigo misma".

"Eres más fuerte", dijo Gen.

"Sí. Lo soy".

"Y la maternidad se suma a eso".

"Seguro".

"De eso se trata. Se trata de volverse más fuerte. No solo en el matrimonio, en la vida. En todo".

"No sé si ya te dije esto, pero durante un tiempo, después del nacimiento de Poppy, tenía estos terribles pensamientos sobre Matt. Venían a mí por la noche, simplemente me abrumaban. No eran lógicos, pero en ese momento se sentían muy atemorizantes. En su mayoría se trataba de lo difícil que era estar casado y tener hijos, pero a veces se trataban específicamente de Matthew. Sobre sus defectos de carácter, sobre lo egoísta que era. A veces, simplemente me sentaba y pensaba en todo el dolor por el que mis hijos van a tener que pasar en sus vidas, y lo loco que es que sepan esto. Bueno, en algún momento fue extraño, todos esos pensamientos se detuvieron. No es que nunca tenga un juicio terrible sobre Matt o malos pensamientos sobre la maternidad, pero ya no tengo ese miedo. No sé cómo, exactamente, pero algo cambió en mi cabeza. Tengo la confianza de que, básicamente, somos... normales. Matt es un tipo normal. Nuestra relación es normal. Nuestros problemas son en realidad bastante insignificantes. Y cuando llegan los tiempos difíciles, bueno, como dije, los tiempos difíciles son solo una parte de todo. Todos son solo parte de la aventura".

Gen asintió. "No he pasado por eso. No exactamente de la manera que dices. Pero tengo muchos temores por mis hijos. Y me gusta esa actitud de la que estás hablando. También en la crianza de los hijos, parte de lo que les estamos enseñando es considerar las dificultades como algo bueno. Es real, es bueno y es parte de lo que estamos haciendo aquí. Nos ayuda a crecer y mejorar. Luego, con suerte, los malos sentimientos desaparecen por un tiempo y, cuando lo hacen, no tenemos que tener miedo de que regresen. Volverán, siempre. Ese es su trabajo. Y está bien que lo hagan. Como dijiste, es normal".

"Es más que normal. Es un regalo".

¿CÓMO SOBREVIVIMOS Matthew y yo esos primeros años críticos después del nacimiento de Poppy? ¿Cómo recuperamos la alegría que alguna vez sentimos el uno con el otro, sin daño significativo o resentimiento latente que mostrar por nuestra experiencia? En parte fue porque finalmente detuvimos las batallas de control, el estira y afloja, y cuando el juego se reiniciaba, generalmente era bastante amigable y bastante corto. Primero, aprendí a hacer un cortocircuito en todos mis miedos tácitos cambiando mi historia sobre Matt y recordándome a mí misma que él me amaba. Después de eso, aprendí a hablar, incluso a reír, en lugar de discutir, y a dejar ir las cosas pequeñas. Fui agradable, incluso cuando Matt no parecía merecerlo. Encontré una manera de negociar por lo que necesitaba. Me humillé y me disculpé cada vez que tuve la oportunidad. Finalmente descubrí lo que Matt necesitaba, biológicamente hablando. Luego dejé las quejas y la autodefensa obsesiva. Finalmente, cuando todo lo demás fallaba, simplemente aceptaba el desafío. Me recordé a mí misma que el matrimonio es un regalo, no a pesar de los tiempos difíciles sino por ellos, y recordé lo lejos que había llegado.

Durante cinco años, cinco años maravillosos, después de que Matthew y yo nos conocimos, nuestro amor mutuo fue fácil. Éramos mejores amigos. Casi nunca peleábamos. Nuestra relación era sencilla, intacta. Luego tuvimos un bebé, y durante los tres años que siguieron a ese evento, las cosas fueron… bueno, fueron diferentes. No fue horrible, la mayor parte del tiempo. Solo desafiante. Había que ceder. Las grandes peleas eran grandes y las pequeñas eran frecuentes. Sin embargo, al final de esos años, Matt y yo teníamos varias ventajas clave que antes no teníamos, que hacían que la experiencia valiera la pena. Primero, teníamos un profundo conocimiento de lo que se necesita para ser una familia feliz.

En segundo lugar, teníamos una familia feliz.

Y eso es lo que aún nos queda: una familia. Una feliz. Han pasado cinco años desde que nació Harper y las cosas nunca han estado mejor entre nosotros. Todavía hablo con Gen y Marianne sobre mis problemas con Matt, leo el libro de matrimonio ocasional, incluso recibo consejos de mi ser interior de vez en cuando. Pero la mayor parte de mi energía de superación personal ahora se centra en la crianza de mis dos hijos. Si bien aún surgen desafíos en la relación con Matthew, y con cierta regularidad, los temas de mis soluciones a menudo se repiten, se revisan. Vuelvo en círculo a gran parte de lo que aprendí durante ese tiempo, y sobre todo eso es suficiente para superarlo. Parte de la razón de esto es que estos temas son bastante flexibles. Y la otra parte de la razón es Matthew.

En estos días, Matthew simplemente lo entiende de una manera que no lo hacía antes. En verdad, es un mejor marido. Me habla más. Es vulnerable, honesto. Es, una vez más, el mejor amigo que encontré cuando empezamos a salir.

Y de alguna manera, es incluso mejor. Ahora es padre, por supuesto, y uno excelente: paciente, generoso y sabio. No está tan malhumorado como solía estar; ha aprendido a comunicar sus necesidades y sentimientos con más conciencia de sí mismo. Y es mucho más útil. Cada noche, su horario es el horario familiar. Lava la ropa. Lee a los niños, les cepilla los dientes, los lleva de compras. Y también está presente en las cosas difíciles: noches de insomnio, disciplina, entrenamiento para ir al baño. Sin embargo, más importante que cualquier cosa que haga es la forma en que me hace sentir cuando está conmigo.

En estos días, todos los días me siento amada.

DESPUÉS DEL CLÁSICO Combate de la Comida, hubo una ruptura en la tensión entre Matthew y yo. Luego, durante varias semanas seguidas, por una razón desconocida para mí,

Matthew estaba de un humor terrible. Cuando fuimos a Home Dêpot, y yo mal interpreté lo que estaba buscando, me avergonzó al hablarme groseramente en el pasillo. Cuando para mantener su taladro lejos de Poppy lo escondí, luego no pude encontrarlo de inmediato, él hizo un comentario sarcástico. Finalmente, cuando el seguro del automóvil expiró antes de que yo pagara la factura, me reprendió injustamente.

Cada vez que ocurría uno de estos episodios, mi primer instinto era defenderme. Pero elegí recordar mi resolución y encontrar una mejor manera de manejar la situación.

Una semana después, el estado de ánimo de Matthew aún no había mejorado, así que decidí practicar algunas de mis otras habilidades recién descubiertas. Una noche, durante la cena, sonreí desde el otro lado de la mesa y luego señalé algo que Matthew hizo que yo aprecié. "Lavaste los platos una vez más, me di cuenta", le dije. "Gracias, cariño. Eso es de gran ayuda".

Matthew devolvió la sonrisa y pareció sentirse más tranquilo.

"De nada", dijo. "Gracias por darte cuenta, Rachel".

Luego, entré a matar.

"Cariño, sé que te has sentido frustrado conmigo últimamente. Parece que algo realmente te está molestando. ¿Quieres hablar acerca de ello? ¿Estás bien?".

"Sí, supongo que hay algo", dijo. "Quiero decir, estoy bien, en general. Pero el trabajo ha sido una mierda y lo odio. A veces desearía poder simplemente renunciar y seguir adelante. Hacer bienes raíces, como siempre he querido. Pero este es un buen trabajo y no sé cómo igualaría el salario. Así que aquí estamos. Ya sabes".

"Bueno, hablemos de eso. Intentemos resolverlo. Pero, ¿puedo hacer una pequeña petición?".

"Por supuesto".

"Cuando te sientas así, y sé que esto es difícil, ¿puedes simplemente no desquitarte conmigo? No te enojes conmigo por pequeñas cosas que no importan. En cambio, háblame del problema real".

Matt frunció el ceño. "Sí, puedo hacer eso", dijo. Y con eso se resolvió el asunto.

El diario de mi relación diciembre
Lección: Aprecia el regalo

NOTAS Y CITAS DE LIBROS:

SUE JOHNSON en *Hold Me Tight: Seven Conversations for a Lifetime of Love* (Sosténme fuerte: Siete conversaciones para toda una vida de amor):

- El vínculo de pareja es similar al vínculo entre madre e hijo. Es un apego primario que nos proporciona una gran parte de nuestra seguridad, comunicación y amor necesarios.

MATT KAHN en *Whatever Arises, Love That: A Love Revolution That Begins with You* (Lo que sea que surja, ámalo: una revolución de amor que comienza contigo):

- Cuando suceden las supuestas cosas malas, no luches, no negocies, simplemente siéntate con el dolor por un tiempo. Cuando sea el momento adecuado, sabrás cómo manejar el problema, pero hasta entonces, permítete sentir lo que sientas.
- Cuando un sentimiento es "honrado y se le da permiso para serlo", eventualmente se disuelve por sí solo: no es necesario luchar, pelear, no es necesario negociar.

- Tus experiencias negativas pueden convertirse en tus mayores dones, "la fuente de tu propia realización".
- No importa cuántos problemas soluciones con éxito, la vida siempre te traerá más. Entonces, si quieres paz en tu vida, aprende a amar lo que surge.

PEMA CHODRON en *When Things Fall Apart: Heart Advice for Difficult Times* (Cuando las cosas se desmoronan: consejos para el corazón en tiempos difíciles):

- "Permanecer con ese temblor, quedarse con el corazón roto, con el estómago retumbante, con la sensación de desesperanza y con ganas de vengarse, ese es el camino del verdadero despertar".
- "Aquellos eventos y personas en nuestras vidas que desencadenan nuestros problemas no resueltos podrían considerarse buenas noticias… No necesitamos intentar crear situaciones en las que alcancemos nuestro límite. Ocurren por sí mismos, con la regularidad de un reloj".

MIS PROPÓSITOS CON MI RELACIÓN:

- Estaré agradecido por los desafíos que trae el matrimonio. Si Matthew fuera perfecto, ¿cómo crecería? El matrimonio es una de las relaciones más complejas e intensas de la vida, y la mejor oportunidad que tengo para aprender a amar incondicionalmente.
- Cuando sucedan cosas dolorosas, como una discusión con Matthew, no intentaré arreglarlas de inmediato. En cambio, buscaré un lugar tranquilo y simplemente me sentaré con el sentimiento. Solo lo haré cuando esté lista para seguir adelante, incluso si lleva varias horas o días.
- Recordaré que Matthew no tiene que ser perfecto

para que yo sea feliz. Soy fuerte; puedo manejar algunos defectos.

PARA EL REFRIGERADOR:

- "Prometo recordar que una de las mejores partes del matrimonio es cómo me ayuda a crecer".

Apéndice Uno

HOJA DE REFERENCIA RÁPIDA

Una mañana, te despiertas con una nota en el refrigerador que le recuerda a tu pareja que te trate mejor. Probablemente no te importe ver eso, ¿verdad? Aquí, entonces, una hoja de referencia rápida con todas las lecciones principales de este libro. Mi consejo: publícala flagrantemente. Es algo agradable de hacer.

LECCIÓN: CAMBIA TU HISTORIA
Para el refrigerador:

- "Prometo creer que tus intenciones son buenas".
- "Prometo verificar mi historia sobre ti".

LECCIÓN: NO PELEES. EN SU LUGAR, SOLO HABLA
Para el refrigerador:

- "Prometo no discutir un tema a menos que valga la pena la tensión que causará y a menos que le haya dado algo de tiempo".

LECCIÓN: NO LO CONVIERTAS EN UN GRAN PROBLEMA.
Para el refrigerador:

- "Prometo reaccionar sin exagerar".

LECCIÓN: SÉ INCÓMODAMENTE AGRADABLE
Para el refrigerador:

- "Prometo usar un tono de voz amable y respetuoso, incluso cuando esté molesta".

LECCIÓN: NEGOCIAR DESCARADAMENTE (Y SIEMPRE TENER UNA GANANCIA.)
Para el refrigerador:

- "Prometo negociar, no quejarme".
- "Prometo centrarme principalmente en las soluciones, no en las emociones".

LECCIÓN: DISCÚLPATE CADA VEZ QUE PUEDAS
Para el refrigerador:

- "Prometo aprovechar todas las oportunidades para disculparme".

LECCIÓN: CAMBIA A TU PAREJA DE LA MANERA CORRECTA
Para el refrigerador:

- "Prometo no reclamarte para que cambies, sino alentarte suavemente en su lugar".
- "Prometo reflejarme en el cambio que quiero ver".

LECCIÓN: REVISA TU ENDOCRINOLOGÍA

Para el refrigerador:

- "Prometo centrarme en las soluciones, no en las emociones".
- "Prometo entender que tus necesidades son reales".

LECCIÓN: NO TE DEFIENDAS

Para el refrigerador:

- "Prometo escuchar primero".
- "Prometo pedir permiso antes de contar mi versión de los hechos".

LECCIÓN: APRECIA EL REGALO

Para el refrigerador:

- "Prometo recordar que una de las mejores partes del matrimonio es cómo me ayuda a crecer".

Apéndice Dos

DECLARACIONES DE REEMPLAZO

Los humanos nos repetimos mucho. A lo largo del día, confiamos en un práctico conjunto de declaraciones de referencia para preservar el valioso poder del cerebro.

"Despacio", les decimos a nuestros niños pequeños. "Usa tus palabras. Sé paciente. Toma tu turno".

"Es lo mejor", les decimos a nuestros amigos. "Todo saldrá bien".

Decimos estas cosas muchas, muchas veces.

Mi esposo también escucha muchas de las mismas cosas de mí: "¿Puedes lavar los platos?". "No te quedes despierto hasta muy tarde", y "Llévate al bebé", estando todo esto en la parte superior de mi lista.

Un mal mantra puede ser un hábito difícil de romper.

Afortunadamente, un buen mantra también puede ser un hábito difícil de romper. Mi consejo: presta especial atención a tus afirmaciones que se repiten con frecuencia y evalúa qué tan bien te ayudan a alcanzar tus objetivos. Luego, considera reemplazar algunos de ellas con una versión más agradable y efectiva.

Aquí hay algunas declaraciones para sentirse bien, que

pueden reemplazar una gran variedad de declaraciones para sentirse mal.

En lugar de "No puedo creer que hayas dicho / hecho eso" o "Eres un idiota", intenta:

- "¿Te sientes de mal humor hoy, cariño?"
- "¿No te sientes amado hoy?"
- "¿Estás bien hoy? ¿Hay algún problema?"
- "¿Hay algo que pueda hacer?"
- "¿Quieres hablar de ello o prefieres esperar?"
- "¡Oye! Eso no fue agradable".
- "Te amo. Sé que tienes buenas intenciones. Pero no entiendo la razón por la que hiciste esto. ¿Puedes explicarme, por favor?

En lugar de un sarcástico "de nada", intenta:

- "¿Puedes decir 'gracias', por favor?"

En lugar de "No es mi culpa" o "Tú eres el que...", intenta:

- "Lo siento"
- "Eso no fue amable de mi parte"
- "Me siento de mal humor hoy"
- "¿Quieres saber por qué hice eso?"
- "¿Quieres que te explique ahora o prefieres esperar hasta más tarde?"

En lugar de decir "Estoy tan enojada contigo", intenta:

- "Me siento enojada en este momento, pero pasará"
- "Cuidado. Puede que tenga que aplastarte / hacerte

cosquillas / [inserta otra amenaza completamente cómica]"

En lugar de "No me estás escuchando", intenta:

- "¿Quieres que te explique más, o quieres que solo escuche tus pensamientos y podamos hablar de lo mío más tarde?"

En lugar de "No, no voy a hacer eso por ti", intenta:

- "No voy a hacer eso ahora. Pero te amo"

En lugar de "Deja de ignorarme", intenta:

- "Me siento sola hoy".
- "Hoy me siento descuidada".
- "Hoy me siento despreciado. ¿Harías algo bueno por mí?"
- "¿Me valoras?"
- "¿Me amas?"
- "¿Quieres que nos abracemos?"

En lugar de "Bueno, buenas noches cariño", intenta:

- "Te amo. Realmente, realmente te amo. Buenas noches"
- "Quiero que sepas que te respeto. Buenas noches"
- "Estoy realmente contenta de que seas mi pareja, cariño. Buenas noches"

Apéndice Tres

EXPERIENCIAS SOBRE EL TERRENO

Las peleas son como árboles: cada una es diferente y, sin embargo, hay algunos rasgos básicos compartidos. Investigar los detalles de un árbol en particular, o un argumento en particular, puede ayudarnos a notar verdades que se aplican de manera más general. Aquí, en formato de entrevista, hay varios relatos específicos y verdaderos de peleas que las parejas han tenido (y en su mayoría, pero no siempre, resueltas con éxito). Se han cambiado algunos de los nombres de los entrevistados.

GISELLE

"QUIERO GRITAR: '¡SE PUEDE ARREGLAR!'"

Giselle tiene cuarenta años y es madre de dos hijos. Ha estado casada durante diecisiete años.

Mollie: ¿Puedes recordar algún momento en el que tu matrimonio se sintiera extremadamente difícil? ¿Cuál fue el problema y cómo empezó?

GISELLE: Lo recuerdo como si fuera ayer. Fue cuando nació nuestro segundo hijo. En ese momento, ambos teníamos mucho éxito en nuestras carreras y vivíamos en una hermosa casa nueva, con lindos autos y básicamente todo lo que se podía pedir. El problema para nosotros era que realmente no nos respetábamos. No habíamos aprendido a tener un desacuerdo productivo y a hablar sobre las cosas. Siendo dos personas muy tercas, pensábamos que podríamos cambiarnos el uno al otro en los moldes que queríamos, sin dar marcha atrás en una pelea. Nunca.

El nacimiento del segundo hijo realmente sacó todo esto a

la luz. Tener todo lo que podíamos pedir ya no era suficiente. Decidimos que o, íbamos a vivir vidas separadas o, a trabajar en ello y fue entonces cuando buscamos ayuda. Honestamente, en ese momento, mientras él quería que sobreviviéramos, yo pensaba que no teníamos ninguna oportunidad y estaba preparada para seguir adelante. Sin embargo, no pude dar ese paso, en parte debido a mi fe.

Entonces, probamos un año de asesoramiento. Eso ayudó. Pero, lo que realmente ayudó fue la madurez y el aprendizaje de que nos enamoramos por una razón y que todo puede arreglarse siempre y cuando ambos estemos dispuestos al menos, a intentarlo. Ahora, sabemos que pelear es solo una gran pérdida de tiempo y escucharnos entre nosotros es mucho más efectivo, sin importar el resultado.

Si en ese entonces tan solo hubiera sabido lo que sé ahora. Cuando las parejas piensan que están condenadas, quiero gritar "¡Se puede arreglar!" y "yo estuve allí".

MOLLIE: **¿Cuál fue un argumento específico que tuvieron que mostró la falta de respeto y la capacidad de comunicarse?**

GISELLE: Para ser totalmente honesta, lo que se me viene a la cabeza en este momento es cuando lo llamé para decirle que estaba embarazada del bebé número dos y su respuesta fue: "¡Qué mierda!". Eso no fue divertido.

MOLLIE: **Cuéntame más sobre eso.**

GISELLE: Bien. Vamos a poner el escenario. Vivíamos en la ciudad natal de mi esposo en ese momento y lo habíamos estado por unos siete años. Para entonces, habíamos hecho buenos amigos, pero eran más como el tipo de amigos con los que era divertido divertirse y nunca nos abrimos a ellos en busca de ayuda y apoyo con nuestro matrimonio (o con cualquier sentimiento íntimo, para el caso). De todos modos, es un hábito de los dos no ser vulnerables.

Cuando le dije a mi esposo que estaba embarazada del bebé número dos y él respondió mal, simplemente me retiré más y nunca le hablé de mis sentimientos a él ni a nadie más. En cambio, peleábamos mucho por otras cosas estúpidas y nunca lidiamos con nuestros verdaderos sentimientos. Estaba realmente herida en ese momento y me sentía sola, pero nunca le dije eso a nadie. En este punto, estábamos tan distantes que básicamente solo coexistíamos.

Cuando el nuevo bebé tenía un año y medio nos mudamos de regreso a mi ciudad natal para estar más cerca de mi familia. En ese momento, pensé que, o nos divorciábamos y sería mejor para mí tener a mi familia cerca, o que lo resolveríamos y aún así sería mejor cambiar las cosas y tener un sistema de apoyo más fuerte. También en ese momento, comenzamos a tener terapia.

Tomó un tiempo, y las cosas aún no son perfectas, pero definitivamente vale la pena actuar y rodearse de personas que apoyen. Nos comunicamos mucho mejor ahora y sabemos cómo, cuando estamos en una discusión, nos escuchamos más entre nosotros y hacemos nuestro mejor esfuerzo para al menos escuchar lo que la otra persona está diciendo.

Desde entonces (los últimos ocho años más o menos) estoy muy agradecida de no habernos dado por vencidos. Ambos amamos a nuestros hijos y aprendimos mucho en el camino. De hecho, ahora nos gustamos y nos amamos.

CAL

"FINALMENTE, NUESTRA CASA SE SIENTE COMO UN HOGAR"

Cal, de cuarenta y cuatro años, tiene cuatro hijos con su esposa desde hace veinte años.

Mollie: ¿Hay alguna discusión que siga surgiendo entre tu esposa y tú?

CAL: Muchos de los argumentos que hemos visto desde tiempo atrás, se centran en la falta de roles definidos en nuestra relación. Ambas somos producto del movimiento feminista: ¡las mujeres no se verán obligadas a estar en casa cuidando a los niños y preparando la cena! Por lo tanto, los sistemas de nuestro hogar se quedan perpetuamente sin líderes, ya que ambos adultos luchamos por el éxito y la validación fuera de nuestro hogar.

Esta falta de definición nos ha acosado desde los días en que comenzamos a vivir juntos y no podíamos ponernos de acuerdo sobre quién hacía qué tareas y quién era responsable de qué. Es bastante vergonzoso decir que todavía nos encontramos con estos problemas, veinte años después. Hace al menos unas pocas generaciones tenían una persona que reunía recursos y una persona que veía que esos recursos estaban bien administrados para producir una familia. Ahora los dos somos responsables de todo y eso nos lleva al caos y la frustración.

MOLLIE: **¿Puedes darme más detalles? ¿Qué tareas aún están en juego? ¿En qué tareas se han puesto de acuerdo?**

CAL: Hemos escrito tres hojas de información para la familia. Una hoja contiene nuestra visión, valores, expectativas y medidas de éxito. Es curioso que después de estar casados durante más de veinte años todavía estemos trabajando en cuál es nuestra visión para nuestro hogar. Hemos tenido otras declaraciones de visión en el pasado, pero parecen tener una duración limitada. La visión debe renovarse y revivirse periódicamente; para nosotros, parece que podemos estar de acuerdo en una, durante unos dos años.

La siguiente hoja muestra los sistemas en los que estamos trabajando para que el hogar funcione mejor. Empezamos acordando veinte minutos de limpieza y eso ha ido muy bien hasta ahora (tal vez durante los últimos dos meses). Todavía estamos trabajando para averiguar el resto.

Finalmente, tenemos una hoja de tareas. Esta está laminada (sí, tenemos una laminadora y cada familia necesita una). Asignamos y marcamos las tareas con un marcador de borrado en seco. Somos seis y seis personas limpiando una sola área no va a funcionar, por lo que tenemos dos o tres áreas separadas en cinco días (nuestro objetivo es limpiar cinco días a la semana). Programamos la limpieza a través de un mensaje de texto grupal con al menos dos horas de anticipación. Luego nos reunimos a la mesa, elegimos un día, asignamos los trabajos, ponemos en marcha el cronómetro, ponemos música y limpiamos durante veinte minutos. Si alguien termina antes, se le reasigna a otro trabajo hasta que todos hayamos trabajado durante veinte minutos. Limpiamos con quien esté en casa en ese momento, incluso si solo somos dos.

Este sistema de limpieza finalmente ha logrado que nuestra casa se sienta como un hogar. Ahora todos tenemos pares de calcetines limpios y pasillos aspirados.

La limpieza de las habitaciones se realiza mediante un sistema diferente de inspecciones semanales de las habitaciones.

MOLLIE: **¿Hay alguna otra discusión en curso?**

CAL: No me viene nada a la mente. Mi esposa y yo somos personas bastante discretas, pero aún así nos las hemos arreglado para pasar momentos bastante turbulentos en nuestro matrimonio. Este punto no es uno de ellos. Nuestros hijos ahora tienen 18, 16, 14 y 11 años. Tienen la edad suficiente para volverse autosuficientes, pero son lo suficientemente jóvenes como para no darse cuenta de lo despistados que son en el mundo real. Es un momento frustrante. Creo que lo hemos estado manejando bien, en general, pero hemos estado lejos de ser perfectos.

MOLLIE: **Finalmente, ¿cuánto disfrutas tu matrimonio? ¿Valen la pena las dificultades?**

. . .

CAL: Disfruto de mi matrimonio. El sexo es asombroso y eso es una gran parte de la felicidad masculina. El acceso constante a una mujer es un éxito en un sentido evolutivo. Más allá de satisfacer las necesidades físicas, mi esposa es una amiga maravillosa con la que todavía disfruto cenar o acompañarla a uno de los eventos de nuestros hijos. Tomé una muy buena decisión antes de empezar a salir: acababa de tener una experiencia de citas mediocre con una linda chica pelirroja, que me trataba como una distracción. Basándome en esa experiencia, decidí que la próxima persona con la que iba a pasar mi tiempo sería alguien con quien disfrutara estar. Asha es notable porque siempre lamentaba cuando la velada llegaba a su fin; nunca parecía haber suficiente tiempo.

Veintitrés años después, sigo pensando que fue una decisión acertada. Desde fuera, no he tenido la vida más emocionante, pero he disfrutado la mayoría de los minutos porque hice una muy buena elección. Me casé con una amiga honesta con la que realmente disfrutaba estar cerca. Las peleas van y vienen, pero todavía nos gusta ir a cenar, ver una película o hacer un proyecto juntos. Incluso cuando estamos en nuestro peor momento, siempre ha existido esa capa subyacente de amistad y disfrute a la que recurrimos. Es una conexión bastante sorprendente.

ZURIE
"TENEMOS DOS GRANDES REGLAS EN NUESTRA CASA"

Zurie tiene 40 años y ha estado con su pareja durante ocho años.

Mollie: ¿Cuáles han sido algunos de tus mayores desacuerdos como pareja?

ZURIE: No tenemos hijos, solo gatos, lo que podría ser la razón por la que nuestra mayor pelea hasta ahora ha sido por los gatos (excepto que, no en realidad). Antes de eso, nuestra mayor dificultad fue aprender a comprar juntos, sin pensamientos asesinos.

MOLLIE: **Cuéntame más sobre eso.**

ZURIE: Fue algo cuando nos mudamos juntos por primera vez. Él trabaja desde casa y yo estaba trabajando en una oficina. A ambos nos disgusta la tarea, así que la hacemos juntos (a menos que las circunstancias lo impidan).

Hace un tiempo hice un comentario sobre dos tipos de personas (en un espectro): básicamente, planificadores y no planificadores. Mi marido es un planificador. Listas, horarios, plan de ataque. Yo puedo (y lo hago) planificar, pero también puedo tomar una decisión rápida solo para hacer algo.

Así que básicamente, tuvimos varias cosas que salieron mal.

- Soy introvertida y estar en la oficina todo el día me agota. Él trabaja desde casa, así que le emociona salir.
- No estábamos funcionando con una lista, por lo que estábamos comprando cosas al azar que necesitábamos o no necesitábamos y aún así teníamos que pensar en las cenas posteriores.
- Ambos queríamos comprar como estábamos acostumbrados a hacerlo.

Me enojé con él por mirar las pilas de queso americano durante demasiado tiempo tratando de determinar el mejor precio en algo que sentía que no importaba. Me desafiaba cuando tomaba un galón de leche. "¿Por qué *esa* leche? ¿Te gusta más? Esta es más barata".

Después de varios meses y muchas sentadas y yo enojada, luego él frustrado (no grandes peleas sino conversaciones intensas), hemos descubierto y refinado nuestro sistema:

- Con frecuencia guardo recetas que creo que disfrutaremos y que son lo suficientemente saludables para mí y lo suficientemente fáciles para él. Elegimos dos para la semana y creamos una lista a partir de eso.
- Hacemos la compra los domingos para no estar cansados y tenemos una cita una vez por semana para que él salga de la casa. También finalmente, este

verano, consiguió una computadora portátil para poder salir de casa de vez en cuando.

- Hay marcas a las que soy fiel. Cuando llega el momento de tomarlas, le digo que busque en el pasillo del papel higiénico para encontrarnos la mejor oferta. Le cedo los frijoles enlatados genéricos porque no me importan y me deja comprar los costosos tomates enlatados, sin discutir.

Funciona mucho mejor ahora. Por lo general, lo pasamos tan bien como se puede en el supermercado. E incluso me quedo callada cuando le pide al dependiente que ponga la leche en bolsas (¡que es una tontería porque los galones tienen asas!).

MOLLIE: **Pareces una solucionadora de problemas bastante buena. ¿Utilizas estas mismas habilidades de negociación en otras áreas de tu relación?**

ZURIE: No tenemos que negociar formalmente con demasiada frecuencia. Intentamos funcionar como un equipo, así que, si una persona está haciendo algo, la otra se lanza a ayudar. Tenemos dos grandes reglas en nuestra casa:

- Todos obtienen lo que necesitan.
- Tienes que pedir lo que necesitas.

Las discusiones generalmente se deben a que no puedo entender lo que siento antes de ponerme de mal humor.

MOLLIE: **¡Me encantan esas reglas! Las necesidades de una persona pueden ser dramáticamente dife-**

rentes de las necesidades de otra. Hermosa manera de expresar este concepto.

Entonces, ¿de qué se trataba el asunto de los gatos?

ZURIE: Peleamos sobre cuándo conseguir un nuevo gato después de que nuestras dos últimas niñas murieran en la primavera. Quería conseguir uno nuevo y él no estaba listo.

Honestamente, fui cien por ciento yo quien no se detuvo para descubrir lo que estaba sintiendo para poder verbalizarlo. Al final me di cuenta de que tenía un dolor enorme y solo quería algo para ayudar. Me decepcionaba profundamente que no estuviera listo a pesar de que era válido.

Una vez que superé toda esa emoción, pude explicar lo que estaba pasando. Me disculpé y él escuchó y nos comprometimos. Conseguimos nuevos gatitos antes de lo que él estuviera listo y más tarde de lo que yo quería, pero son perfectos.

MOLLIE: **¿Hay algo de tu pareja que hayas intentado cambiar? ¿Cuál fue tu estrategia? ¿Qué tan bien funcionó?**

ZURIE: Claro, hay cosas que hemos intentado cambiar el uno del otro. Él es organizado, pero carajo, su departamento estaba sucio cuando se mudó. Yo soy limpia, pero completamente desorganizada. Antes de mudarnos juntos, hablamos mucho sobre tareas y valores. Él ve el valor de tener las cosas limpias, aunque simplemente no lo nota. Veo el valor de tener las cosas organizadas (poder encontrar mis llaves es increíble) pero no siempre soy tan buena como él.

Creo que ambos hemos tratado de ser pacientes el uno con el otro. Hay momentos en los que tengo que recordarle que está bien si no he dejado algo en su lugar porque hay una razón por la que no lo hice, o lo que sea. Y me he quejado el ciento por ciento de veces, después de que él lava los platos, pero no limpia la estufa. Pero también sé que criticar solo hace que una persona se cierre, así que pienso mucho en "¿cuánto importa esto?". Tuve que enseñarle cómo limpiar el baño y los pisos y la cocina y las razones detrás de esto. Realmente se esfuerza de buena fe, así que dejo de lado el hecho de que no ve la suciedad y siempre se sorprende de que sea hora de limpiar. Simplemente no importa.

MOLLIE: **¿Puedes pensar en alguna ocasión en la que te pusieras demasiado a la defensiva en una discusión? Cuéntame la historia.**

ZURIE: Cuando recién nos conocimos, solía contar un chiste y luego decir: "¿Entiendes? Es gracioso porque…", y yo solía sentir que pensaba que yo era tan estúpida o no divertida si sentía que tenía que explicarme cada chiste. Mi padre era muy duro con mi hermano y conmigo y nos preguntaba si éramos estúpidos cada vez que hacíamos algo mal, así que realmente estaba pisando una mina que no sabía que estaba allí. Finalmente le dije una noche lo mucho que hería mis sentimientos. Estaba enojada y le pregunté rotundamente si pensaba que yo era una idiota. Estaba horrorizado. Aparentemente, esto era solo algo que siempre había dicho como parte de una broma. Pensaba que era divertido y no tenía idea de que me lo tomaba como algo personal.

Si bien me sentí aliviada de la mala interpretación, también dejé en claro que nunca estaría de acuerdo con eso. Lo había hecho durante tanto tiempo que no estaba seguro de poder detenerse. Así que decidimos que él haría un intento honesto de decirlo menos y yo haría un intento honesto de dejar que se me escapara si él lo decía. Y honestamente, no lo he escuchado en años.

MOLLIE: **¿Crees que es importante disculparse incluso cuando no estabas exactamente equivocada, o te guardas las disculpas para las cosas importantes?**

ZURIE: Acostumbramos disculparnos cuando sentimos que está justificado. Honestamente, no peleamos mal intencionados o con frecuencia, así que no siento que haya tenido que disculparme cuando no estaba exactamente equivocada.

MOLLIE: **En términos generales, ¿cuánto disfrutas de la relación? ¿Qué te gusta de ello?**

ZURIE: Me encanta estar casada. Todavía no hemos llegado a un punto en el que lo haya considerado difícil o penoso. Realmente disfruto hacer equipo con él. Con él puedo ser exactamente quien soy en cualquier momento. Puedo ser ridícula y tonta o estar triste o ser un bebé grande y él lo entiende y lo ama. Me encanta hacer lo mismo por él. Me encanta escucharlo cantar canciones a los gatos o reírse de sus podcasts mientras trabaja. Estoy muy feliz y agradecida de estar con él y parece que él siente lo mismo. Nos casamos tarde, yo tenía treinta y siete años y él cuarenta, así que ya habíamos pasado por esas luchas de mediados de los veinte y habíamos comenzado a establecer nuestros propios valores cuando nos conocimos. Quizás eso tenga algo que ver con todo.

. . .

MOLLIE: **¿Tienen alguna discusión en curso que parezca que no se puede resolver, incluso con sus excelentes habilidades de comunicación?**

ZURIE: No que yo pueda pensar en una, así que definitivamente nada importante. Las cosas están difíciles en este momento para nosotros, pero no entre nosotros. Tengo suerte: es divertido, responsable, trabajador, compasivo y leal. Hacemos un buen equipo.

SIMON

"SIEMPRE ESTABA DISCULPÁNDOME Y CULPÁNDOME"

Simon es un escritor jubilado que vive en Indiana. Se ha divorciado dos veces y ahora vive con su gato.

Mollie: ¿Puedes recordar una discusión particularmente difícil que tuviste con tu esposa cuando estabas casado? ¿Cual fue el problema?

SIMON: Aquí hay una que se destaca: mi segunda esposa estaba dejando todos sus zapatos en el piso de la sala de estar. Constantemente me tropezaba con ellos, los pisaba, etc. En ese momento estábamos en terapia. La consejera me preguntó si había algo que mi esposa pudiera hacer para ayudarnos un poco con nuestros problemas, y yo le dije que conocía uno fácil: cada noche podía recoger sus zapatos de la sala y ponerlos en el armario del dormitorio. Su respuesta fue que estaba tan cansada cuando llegaba a casa del trabajo que no podía llevarlos hasta allí. Dije al consejero que yo me encargaría de eso. Bajaría el zapatero al armario junto a la puerta.

Tan pronto como llegamos a casa, lo hice. Luego, después de unos días, encontré todos sus zapatos del trabajo tirados arriba, en el piso del dormitorio. Anteriormente, con rabia, los había tirado todos arriba. Esta vez los tiré todos abajo. Era infantil, pero me hizo sentir mejor.

MOLLIE: **¿Por qué te llama la atención este argumento en particular?**

SIMON: Fue muy difícil porque después de esto supe que ella ya no quería seguir con el matrimonio y realmente no lo estaba intentando.

MOLLIE: **Mirando hacia atrás, ¿realmente se trataba de los zapatos? Si no, ¿de qué se trataba realmente?**

SIMON: Se trataba de los zapatos, pero más a fondo, se trataba de cómo ella no estaba tratando en absoluto de ayudar en las cosas, incluso en cosas pequeñas. Este argumento fue lo que llevó al matrimonio al divorcio. Fue una experiencia horrible. Sé que hubo partes que fueron culpa mía, aunque solo sea por no comunicarme abiertamente, pero realmente lo intenté.

MOLLIE: **Si todavía estuvieras casado y la situación de los zapatos volviera a ocurrir, ¿responderías de la misma manera? Si no es así, ¿cómo lo manejarías de manera diferente?**

. . .

SIMON: No, en absoluto. Mi vida ha cambiado de dirección por completo. Primero, le pediría a mi esposa que tengamos una conversación. Luego le contaría lo que habría sucedido y le preguntaría por qué. Cuando realmente nos diéramos cuenta de eso, discutiríamos cómo abordarlo y qué podría ser algo que funcionara para ambas partes.

Ahora creo e insisto plenamente en una comunicación abierta y honesta. Creo en el amor y sé que es la única emoción verdadera. Si absolutamente no pudiéramos reconciliar la situación o el matrimonio, entonces un divorcio amistoso aún sería mi elección. Es decir, uno todavía arraigado en el amor entre nosotros como seres humanos y almas, si no hay nada más.

Mi consejo es tratar a todos como perfectos, hermosos y cariñosos. Siempre vale la pena, si no ahora, después.

MOLLIE: **¿Qué sientes disculpándote? ¿Estás acostumbrado o lo consideras difícil?**

SIMON: Mientras crecía, siempre me disculpaba por todo. En mi matrimonio, eso también sucedió. Siempre me disculpaba y me culpaba. Me veía a mí mismo como un fracaso y estuve a la altura de eso de muchas maneras, aunque tuve éxito en muchas cosas como la educación, el trabajo y la crianza de mis hijos. Esto cambió después de mi derrame cerebral. Mi personalidad cambió por completo y no vi la razón por la que debería disculparme con tanta frecuencia. Esto causó un gran conflicto en mi primer matrimonio. Sin embargo, creo que se sintió mejor al final.

Ahora, disculparme no es difícil si siento que realmente he hecho algo mal. Yo, básicamente, me niego a disculparme por algo que no hice o simplemente por terminar una pelea o una conversación desagradable.

. . .

MOLLIE: **¿Alguna vez has notado que te has acostumbrado a usar un tono de voz negativo o despectivo con tu pareja de forma regular?**

SIMON: No, pero fui muy pasivo-agresivo en mi primer matrimonio. Hacía promesas y no las cumplía solo para salir de una discusión. Me culpaba a mí mismo por tanto y decidí que necesitaba aplacarla para detener la pelea. Aprendí muy pronto en la vida a odiar las peleas y a culparme por las cosas. No me gustaban los conflictos y los evitaba casi a cualquier precio. Eso ya no es cierto y, a veces, puedo defender mi lado cuando no es realmente necesario. Estoy trabajando en eso. Siento que tengo derechos ahora y que deben ser respetados, tanto como los de cualquier otra persona.

MOLLIE: **¿Alguna vez ha discutido sobre la necesidad de tener más tiempo a solas o la necesidad de pasar más tiempo con tu pareja? ¿Pudiste resolver la situación y, de ser así, cómo?**

SIMON: Sí, las dos cosas. Mi esposa, en general, me daba tiempo a solas; sin embargo, era cuando se iba a estudiar o a hacer algo y me daba una lista de las cosas que tenía que hacer antes de regresar. Honestamente, llegué al punto en que me di cuenta de que ella se enojaría incluso si me esforzaba mucho por hacer las cosas, diciéndome que no se hicieron lo suficientemente bien, o si las hacía más lento y cuidadosamente, pero no conseguía hacerlas todas. Entonces, cuando ella se iba, yo jugaba con los niños y miraba la televisión o un video, luego, media hora antes de que ella llegara a casa, me apresuraba y hacía un trabajo a medias de todas las cosas que pedía. Ella se ponía a gritar, pero no me importaba porque había tenido una buena noche.

MOLLIE: **En términos generales, ¿cuánto disfrutas del matrimonio? ¿Qué te gusta de ello? ¿Valen la pena las dificultades?**

SIMON: Después de dos matrimonios y dos divorcios, estar en mis sesenta y con los hijos mayores, he decidido que realmente no me importa mucho el matrimonio. Creo que parte de esto podría deberse a que perdí algo de mi capacidad de amar con el derrame cerebral. No se siente igual ahora y disfruto la vida que tengo. Me encantaría tener a alguien en mi vida, pero el matrimonio no se siente bien. Los divorcios fueron demasiado duros y afectaron demasiado mi vida. No quiero otro.

Como no quiero tener más hijos a mi edad, convivir parece más aconsejable y deseable. Podría hacer eso o vivir en hogares separados y pasar mucho tiempo juntos en cualquiera de ellos o fuera. Imagino que hay algunas mujeres a las que también les gustaría. Veremos. Puedo ver que las dificultades valen la pena para alguien que no está en mi posición.

KAY

"SABER CÓMO FUNCIONA SU MENTE, EVITA MUCHO DOLOR"

Kay tiene treinta y nueve años. Casada desde hace once años, tiene un hijastro y un hijo biológico.

Mollie: ¿Puedes recordar una discusión particularmente difícil que tuviste con tu marido? ¿Cuál fue el problema?

KAY: Siempre hay pequeños malentendidos, pero dos argumentos sobresalen como los peores y ambos ocurrieron en momentos de estrés intenso: tener un bebé y mudarnos. El problema no era tanto sobre lo que se decía como sobre la irritabilidad casi constante y los tirones entre ellos. Especialmente después de que la lavadora se desbordó por segunda vez.

MOLLIE: **¿Qué pasó después de que la lavadora se desbordó por segunda vez?**

. . .

KAY: No puedo recordar las palabras exactas, pero mi esposo se volteó y nos criticó a todos, luego me enojé con él por su reacción. Se convirtió en una bola de nieve gritando durante el resto del día. Recuerdo que le dije "Te odio". Esto hizo que hiciera las maletas y se fuera, pero regresó después de unas horas y para entonces ya nos habíamos calmado.

MOLLIE: **¿Qué hizo que este momento fuera tan estresante para ti?**

KAY: Entraron en juego muchos factores: la falta de sueño, el período de adaptación, los cambios en la rutina, las nuevas responsabilidades y la determinación de nuestros nuevos roles. Cuando los niveles de estrés disminuyeron, descubrimos que nuestra situación había mejorado enormemente: una familia en crecimiento que vivía en la casa de nuestros sueños. Y los tiempos difíciles fueron olvidados.

Todavía tenemos nuestros altibajos, pero a medida que envejecemos (¿y somos más sabios?), hay muchos más altibajos. Siempre estaré agradecida por sacar las cosas y arreglar lo que se rompió en lugar de tirarlo todo.

MOLLIE: **¿Cómo consideras las peleas? ¿Te sientes cómoda con la incomodidad? ¿Qué tan importante o beneficioso crees que es luchar?**

KAY: Me siento cómoda peleando. Gritar no me molesta mucho excepto cuando a los niños les importa. Igual mi esposo.

. . .

MOLLIE: **¿Tienes reglas básicas para pelear?**

KAY: No hay reglas básicas. Solo respeto mutuo y saber si la otra persona está bien o no con eso.

MOLLIE: **¿Cómo te sientes al disculparte? ¿Estás acostumbrada o lo consideras difícil?**

KAY: Me disculpo fácilmente. Necesito desahogarme casi tanto como mi esposo. Debido a esta tendencia, superamos nuestros problemas rápidamente y volvemos a la normalidad lo antes posible. Sin embargo, creo que sería mejor disculparse con un poco menos de frecuencia, porque cuando surgen cosas importantes, la disculpa puede significar más y no ser algo que oímos todo el tiempo.

MOLLIE: **No había pensado en eso. ¿Alguna vez te has dado cuenta de que estás exagerando algo que tu pareja hizo o no hizo? ¿Cuál fue el resultado?**

KAY: Cuando exagero las cosas, es por falta de comprensión. Saber cómo funciona su mente ahorra mucho dolor. Si no entiendo algo, me siento cómoda haciendo preguntas hasta obtener una respuesta satisfactoria. A menudo pienso que solo hay una explicación, solo para descubrir que hay otra razonable.

. . .

MOLLIE: **¿Alguna vez ha discutido sobre la necesidad de tener más tiempo a solas o la necesidad de pasar más tiempo con tu pareja? ¿Pudiste resolver la situación y, de ser así, cómo?**

KAY: Tengo más que suficiente tiempo a solas ahora que los niños son mayores y que son más independientes. Por eso pido más tiempo juntos. Pero mi esposo necesita tiempo en la computadora y salidas nocturnas con amigos, diciendo que nos vemos lo suficiente en casa. Sostengo que el tiempo en casa juntos no es lo mismo que salir juntos. Sin embargo, soy una persona hogareña y no busco discutir lo suficiente. Y resulta que solo salimos juntos unas pocas veces al año.

MOLLIE: **En términos generales, ¿cuánto disfrutas del matrimonio? ¿Qué te gusta de ello? ¿Valen la pena las dificultades?**

KAY: Amo el matrimonio. No veo muchas dificultades, pero soy naturalmente positiva. Cuando las cosas se ponen mal entre nosotros, se ponen muy mal. Pero afortunadamente solo ha habido un puñado de esos momentos y nunca dura mucho. La clave para mí es ignorar las explosiones. Entiendo que mi esposo necesita desahogarse a menudo y que no tiene nada que ver conmigo. No tengo que escucharlo ni involucrarme con él cuando grita sobre las condiciones del tráfico o la mala actitud de su jefe.

ROCHELLE

"UNA PELEA JUSTA ES MEJOR QUE IGNORAR LOS PROBLEMAS O ASUNTOS"

Rochelle es una madre de 59 años de dos hijos adultos. Lleva casada dieciséis años.

Mollie: Primero, ¿puedes recordar una discusión particularmente difícil que hayas tenido con tu pareja?

ROCHELLE: Sí. Mi esposo tiene sobrepeso y ha estado tomando sus medicamentos para la presión arterial de manera irregular. Recientemente fuimos al cardiólogo, quien dijo que su presión arterial estaba fuera de los límites de 180/100 y que esto es muy peligroso. El médico le recetó un tercer medicamento para reducir la presión. Pregunté si había algo más que pudiéramos hacer. Él se rió y dijo: "Sí, dieta y ejercicio". Le pregunté si había alguna dieta o ejercicio específico. Ha estado viendo a mi esposo durante años, así que dijo: "La mayoría de la gente sabe qué hacer", y sonrió.

En el pasado, el médico le había dado a mi esposo dietas y

ejercicios especiales. No los hace. Le he estado sugiriendo con cariño alimentos saludables y ejercicio durante años, pero él no quiere comer de esta manera. Quiere solo carnes rojas y papas todas las noches. Ahora estamos considerando agregar una tercera receta, que puede o no tomar dependiendo de lo que quiera hacer al momento. Y mirando historial en busca de indicaciones, supongo que no comerá bien ni hará ejercicio en un largo plazo.

MOLLIE: **¿Entonces discutieron sobre esto? ¿Qué pasó?**

ROCHELLE: Le dije a mi esposo que quería que se cuidara, comiera bien e hiciera ejercicio. Yo estaba molesta y lo dije en voz alta. Se volvió furioso y dijo que lo haría a su manera.

En el pasado, intenté con bondad y dulzura inspirarlo a hacer un cambio en el cuidado personal. Esta vez dejé salir a la bruja. En realidad, nunca la había invocado y ella no es muy sutil. No estoy segura de cómo funcionará esto a largo plazo, pero pareció funcionar por ahora. Actualmente está llevando una dieta antiinflamatoria y busca las recetas y hace las compras y cocinamos juntos.

MOLLIE: **Eso es muy interesante. En ocasiones he pasado por la misma experiencia. ¿Quizás cuando los gritos se vuelven excepcionales, tienen más peso?**

ROCHELLE: Sí. Creo que fue el lenguaje fuerte (y que le arrojé un zapato) lo que le hizo prestar atención y considerar cambiar a una dieta diferente y más vivificante. Estoy muy orgullosa de él por hacer el cambio y ser constante.

Hemos tenido buenas conversaciones intelectuales sobre los porqués, los sentimientos subyacentes, los impulsos. Parece que las charlas caen bien pero no hacen nada por provocar ningún cambio y sí el enojo. Realmente no me gusta esto porque, como dije, no soy hábil con la ira. Además, no estoy segura de cómo me siento al ser reforzada positivamente por la ira, pero no la amabilidad, la dulzura y la claridad.

MOLLIE: **¿Por qué tu pareja lo pasa tan mal con este problema?**

ROCHELLE: Así es como yo lo veo, valoramos cosas diferentes. Lucho por el cuidado personal, el compañerismo. Puede ser por amor (quiero una vida vibrante para él y para nosotros), o por miedo (¿va a morir pronto?), o por la ira (no voy a seguir tratando de cuidar a alguien que no se ocupe de él mismo).

Es un poco más difícil para mí ver el problema desde su punto de vista, pero parece que él está luchando por su versión de la libertad. Lo subyacente parece ser: "Nadie me va a decir qué hacer. Lo haré a mi manera".

MOLLIE: **¿Crees que es importante disculparse incluso cuando no estabas propiamente equivocada, o te guardas las disculpas para las cosas importantes?**

ROCHELLE: Él se disculpa más que yo, ¡pero se equivoca más que yo! De acuerdo, estoy bromeando. Honestamente, no me disculpo a menudo. Si he hecho algo que realmente lo siento, pido disculpas y no lo vuelvo a hacer.

No me gusta disculparme. Si es necesario, lo haré, pero no es mi opción.

MOLLIE: **¿Qué piensas de las peleas?**

ROCHELLE: Mi preferencia es hablar y besar, pero a veces no me importa pelear. Mi esposo odia las peleas. Vio a sus padres hacerlo mucho, así que evita los conflictos a toda costa. Es una de las cosas en las que estamos trabajando. Digo que una pelea justa es mejor que ignorar los problemas o los asuntos. Digámoslo todo, dejémoslo claro, sintamos lo que es verdad, luego sigamos adelante y amémonos unos a otros.

MOLLIE: **¿Puedes pensar en alguna ocasión en la que te pusieras demasiado a la defensiva en una discusión?**

ROCHELLE: Cuando siento que me estoy poniendo demasiado a la defensiva, estoy bastante segura de que tengo un problema del pasado sin resolver. Sabes, puedes sentirlo cuando son tus cosas, no las de ellos. Es hora de escribir un diario, meditar u orar. Esto sucede cuando mi esposo sugiere algo sobre los niños o la familia, tal vez sobre errores que cometí. Más que nada, quiero ser una buena madre, pero soy humana y cometo errores, así que pierdo la compostura, incluso cuando él dice durante la conversación: "Fuiste una gran madre para ellos". Sé que los amo mucho e hice muchas, muchas cosas bien, pero hubo algunas cosas que, si pudiera volver a hacerlas, las haría de manera diferente.

. . .

MOLLIE: **Definitivamente puedo ver por qué te sentirías a la defensiva por eso. ¿Alguna vez te has dado cuenta de que atacas el carácter de tu pareja en lugar de abordar su comportamiento y usar declaraciones en primera persona?**

ROCHELLE: Tengo clara la diferencia entre quién es él y su comportamiento. Él es mi amado elegido y, a veces, sus conductas me molestan.

MOLLIE: **¿Alguna vez has notado que te has acostumbrado a usar un tono de voz negativo o despectivo con tu pareja de forma regular?**

ROCHELLE: Esta fue una de mis mayores quejas sobre su comportamiento. Odiaba la sensación que usaba en sus tonos negativos o desdeñosos. Hubo un momento en que me burlaba de él con frases negativas que él mismo usaba o las palabras que empleaba para cortar la comunicación. Ahora, cuando lo hace, al menos puede ver que lo está haciendo y generalmente se suaviza y se comunica mejor.

MOLLIE: **¿Alguna vez ha discutido sobre la necesidad de pasar más tiempo a solas o la necesidad de pasar más tiempo con tu pareja?**

ROCHELLE: Sí. Él solía trabajar dieciséis horas al día y yo quería pasar más tiempo con él. Sin embargo, recientemente ha estado buscando trabajo y ahora estamos juntos el 95 por ciento del tiempo. De hecho, me gusta estar con él. Cuando consiga un trabajo, espero que no sea tan demandante como el anterior.

MOLLIE: **En términos generales, ¿cuánto disfrutas del matrimonio?**

ROCHELLE: ¡Me encanta! Es más fácil, tengo a alguien a quien amar, alguien que me ayude cuando lo necesito. Mi pareja es inteligente y eso lo hace divertido.

MOLLIE: **¿Valen la pena las dificultades?**

ROCHELLE: 100 por ciento.

PETRA

"LITERALMENTE NOS SENTAMOS A LA MESA Y NEGOCIAMOS"

Petra, estudiante universitaria que ha estado con su pareja durante seis años. Tienen una hija de la relación anterior de ella.

Mollie: ¿Puedes recordar una discusión particularmente difícil que hayas tenido con tu pareja? ¿Cómo comenzó? ¿Cuál fue el problema?

PETRA: Recuerdo dos discusiones muy difíciles.

La primera empezó porque estábamos con amigos y quería ir a bailar. En ese momento, mi pareja me dijo que no quería ir porque no le gustaba en quién me convertía estando junto con "estas personas" y que no le gustaba quién había sido en general durante las últimas semanas.

Estábamos bebiendo y nos llevaron a casa. La pelea continuó todo el camino hasta que llegamos a casa y se intensificó. Le dije algunas cosas hirientes, acusándolo de ser controlador e irrespetuoso. Chasqueó y golpeó algo, rompiendo uno de sus dedos.

Para ese momento los problemas eran sus comentarios y la restricción de actividades, pero realmente llevábamos unos meses luchando porque él atravesó por un cambio de vida importante y empezó a desquitarse conmigo. No de manera abusiva, pero era muy irascible y reaccionaba. Dejó de comunicarse abiertamente conmigo, el afecto se había ido y se estaba impacientando con nuestra hija.

En realidad, la segunda discusión muy difícil fue más reciente. He pasado por algunos problemas importantes de autoestima y estos se manifiestan por la falta de confianza en mi pareja. Supongo que en mi cabeza no me siento una gran persona, así que no creo que él me eligiera por encima de otras cosas.

Tenía un viaje familiar que quería hacer con sus padres y no me invitó. Me lo tomé increíblemente personal y reaccioné de manera similar a las personas codependientes. Me dolió que no me invitaran y me dolió porque sé que su madre no me invitó a propósito. (Aunque le agrado, no aprueba que no estemos casados y no aprueba mi falta de religión). Exploté y traté de controlar sus acciones y obligarlo a elegir entre su madre o yo. Luchamos durante toda una semana, pero en lugar de tratar de comunicarnos con calma o explicar las emociones, simplemente le lancé acusaciones y lo obligué a perderse el viaje (básicamente).

MOLLIE: **¿Qué pasó después de esa terrible discusión de una semana? ¿Cómo lo superaste?**

PETRA: Mi pareja tiende a aplicar una actitud de "joder" cuando no quiere tomar una decisión difícil. Al final le dije que no había nada que pudiera suceder para reparar el dolor de no haber sido invitada, y que por eso no importaba si se quedaba o se iba de viaje. Mis sentimientos ya estaban heridos, así que debería tomar la decisión que quería. Hablaba mucho sobre eso. Calmé mis sentimientos y me di cuenta de que no se trataba de mí, que estaba actuando de manera egoísta.

Eventualmente se perdió de poder ir porque no pudo decidirse, lo que inició otra pelea porque me culpó por perder el viaje. Sin embargo, pudo ver que fue su indecisión y sus reacciones a mis sentimientos/acciones lo que arruinó su viaje. Después de otro día más o menos, se disculpó por culparme y tuvimos algunas conversaciones serias sobre la forma en que manejo mis ocasionales sentimientos de codependencia. Ambos acordamos hacer algunos cambios y lo hemos estado haciendo mejor desde entonces.

MOLLIE: **¿Qué cambios hiciste, específicamente?**

PETRA: Él está trabajando para ser más decisivo en función de lo que es mejor para él o lo que puede querer en lugar de esperar mi aprobación. No voy a proyectar en él mis inseguridades de traumas pasados. En cambio, he estado esperando comunicar cualquier sentimiento negativo hasta que me calme y escribo un diario sobre ellos, y estoy trabajando para aceptar más su derecho al tiempo a solas.

También comenzamos a usar "pausa" como palabra de seguridad, así que si uno de nosotros está demasiado acalorado y el otro siente que no es un buen momento para hablar o tomar decisiones, decimos "pausa" y el otro lo respeta, pase lo que pase.

MOLLIE: **¿Alguna vez ha podido resolver un conflicto con tu pareja mediante una simple negociación? Cuéntame sobre eso.**

. . .

PETRA: Sí. Mi pareja proviene de una familia donde se aceptaba algún castigo físico o refuerzo negativo, y él nunca se sintió abusado. Yo, sin embargo, tuve un padre muy abusivo. No toleraré la violencia física y como maestra, trato de enfocarme más en la comunicación/refuerzo positivo. Bueno, llegó el momento en que nuestra hija nos mintió por primera vez. No estaba segura de cómo manejar la parte de castigo en esa situación, pero él quería azotarla y seguir adelante con un castigo de un mes. Literalmente nos sentamos a nuestra mesa y negociamos cuál sería su castigo. Él sugirió lo antes mencionado, lo veté y contrarresté con una semana de castigo, sin azotes. Él insistió con dos semanas de castigo y tareas adicionales durante un mes. Íbamos y veníamos hasta que acordamos las repercusiones de la mentira de nuestra hija. Incluso al final, nos dimos la mano y dijimos "trato hecho".

MOLLIE: **En términos generales, ¿cuánto disfrutas de la relación? ¿Qué te gusta de ello? ¿Valen la pena las dificultades?**

PETRA: Disfruto mucho de mi relación. Vengo de una familia muy disfuncional y sin amor, así que he tenido que aprender a ser feliz sin caos. Amo mi relación porque realmente somos mejores amigos, nos elegimos activamente a diario y trabajamos juntos para lograr la mejor vida y felicidad posibles. Por cada dificultad que hemos experimentado, aún vale la pena. Este amor y esta familia es lo mejor del mundo.

MARGARET

"LA VIDA TIENE SUS ALTIBAJOS, SEA CUAL SEA SU ESTADO MATRIMONIAL"

Margaret Bendet es la autora de 'Learning to Eat Along the Way: A Memoir', la historia de un reportero que entrevista a un santo indio y nunca regresa. Está disponible en Amazon y en margaretbendet.com. En el libro, Margaret escribe sobre dejar a su marido en 1975, como parte de su viaje de autoexploración. Ella nunca se volvió a casar.

Mollie: Con el beneficio de la retrospectiva, ¿cuál crees que es el problema fundamental en la relación que la hizo inviable?

MARGARET: Hay una historia en mi libro que habla de esto.

Me encontraba en casa por la tarde (trabajaba para un periódico vespertino, así que salía temprano del trabajo) tratando de meditar. Me habían mostrado la meditación en una clase de hatha yoga y quería intentar trabajar con ella. Entonces, estoy sentada en mi sala de proyectos, mirando mi respiración entrar y salir, escuchando el viento jugar a través de los árboles en el patio delantero, y de repente escucho esta voz dentro de mí que dice: "¡Sal de mi casa!".

No salí de la casa, pero salí de la habitación. Fui a la cocina y comencé a preparar la cena y pensé un poco en lo que pudo haber pasado. Mi esposo y yo habíamos comprado esta casa a los hijos de la pareja que la había construido como una casa de retiro y luego habían muerto en ella, primero él, luego ella, poco antes de que la compráramos.

Cuando mi esposo llegó a casa esa noche, le dije: "No vas a creer lo que pasó hoy", y procedí a contarle mi historia. No la creyó. En absoluto. Ninguna parte de ella. Y él estaba absolutamente furioso conmigo porque incluso considerara que tal cosa podía haber pasado, que una mujer que llevaba siete años muerta pudiera hablarme. ¡De ninguna manera! ¡Todo estaba en mi mente!

Me aplastó. Después de todo, era abogado, con formación en argumentación. Ya había aprendido esto antes. Había momentos, en los que me hacía una pregunta, y sabía que no importaba lo que dijera, yo estaría equivocada. Y así fue, estaba equivocada.

Pero esta vez no me importó porque sabía que yo tenía razón. Sabía que esto había sucedido. Había escuchado esto en mi mente, pero esto no significaba que mi mente lo hubiera creado. Mi mente no tenía ninguna razón para crearlo. No había estado pensando en esta mujer. No había estado buscando a alguien que interrumpiera mis intentos de meditación.

En ese momento, comencé a buscar respuestas. Fue como si, con esa experiencia, hubiera ocurrido algún cambio sísmico en mi vida. Se me presentaba un mundo sutil que no sigue reglas materiales. Y con ese argumento, también hubo un cambio radical en el matrimonio. Esas preguntas, que me fascinaban, estaban prohibidas en mi matrimonio. Entonces, mi esposo se convirtió en alguien con quien no podía hablar, alguien con quien no podía compartir, alguien que no estaba interesado en las mismas preguntas que a mí me interesaban.

Cualquiera de los otros conflictos que habíamos tenido antes de esto era sobre cómo uno de nosotros, generalmente yo, no estaba a la altura de los estándares que ambos teníamos para nuestra vida juntos. Pero con este argumento, quedó claro que ya no estábamos en la misma página. Al mirar atrás, puedo ver que ya no había nada que resolver. Tenía que fingir para mí misma que no había tenido una experiencia que fuera convincente para mí, o tenía que seguir caminando en una dirección que, inevitablemente, me sacaría de la relación.

MOLLIE: **¿Fue entonces cuando comenzaste a investigar e informar sobre fenómenos metafísicos? ¿Cómo te cambió el hacerlo?**

MARGARET: No es que comenzara a investigar e informar sobre la realidad metafísica de inmediato, pero sí comencé a prestar atención a partes de la vida que no se pueden medir ni probar. Es lo más importante. ¿Qué quiero decir con eso? Piensa en eso por un momento. ¿Cómo medirías el amor? ¿Cómo probarías la intuición o la creatividad? ¿Cómo cuantificarías los beneficios de una mente tranquila? No puedes. Sin embargo, esto es lo que más importa.

MOLLIE: **¿Puedes hablarme sobre un conflicto que experimentaste después del divorcio? ¿Cuál fue el problema?**

MARGARET: De nuevo, en mi libro hay un capítulo sobre el vaivén que sucedió en nuestro matrimonio. Inicialmente titulé el capítulo "Entonces, él califica tu cocina", y se trataba de una conversación que tuve con una compañera de trabajo cuando compartí una receta con ella, una receta que tenía una pequeña "B +" escrita en la esquina superior derecha.

Cuando mi exmarido leyó el manuscrito, estaba furioso por este título y por mi descripción del argumento en el libro. Me envió un correo electrónico y me señaló que ambos calificábamos la cocina del otro, que habíamos cocinado mucho juntos al principio y que la calificación era solo para mostrar si queríamos o no hacer un plato en particular nuevamente.

Me sentí destrozada por su reacción, pero luego lo pensé. Le respondí que tenía razón, que cocinábamos juntos, pero que esto fue principalmente al principio. Después de unos años, yo hacía casi toda la cocina y terminé sintiéndome calificada y juzgada por sus evaluaciones. Pero también le dije que, si él se sentía muy convencido de ello, no tenía que usar esa historia.

La otra cosa que dijo, que fue más convincente, fue señalarme que, en mi descripción de nuestro matrimonio, había suavizado mis propias fallas. Aceptaba las cosas durante un tiempo y luego tenía explosiones, erupciones.

"¿Crees que era fácil vivir contigo?" me preguntó. "'Tal como se ve ahora, eras solo una inocente, buscando la luz".

Me reí. Tuve que hacerlo. Él tenía toda la razón. Mi enojo fue un factor enorme en nuestro matrimonio, en mi vida, y realmente necesitaba discutir esto en el libro.

MOLLIE: **¿Cómo es ya no estar casada? ¿Es más fácil?**

MARGARET: En los últimos cuarenta y cinco años, he tenido muchas experiencias diferentes al ya no estar casada, al igual que tuve muchas experiencias diferentes de estar casada en los siete años que estuve. La vida tiene sus altibajos, sea cual sea tu estado matrimonial. Miro la cuestión de si una persona debería casarse o no en términos de crecimiento personal. En otras palabras, ¿cuáles son las lecciones que esta persona necesita aprender? Si necesita aprender sobre el compromiso y asumir la responsabilidad de algo más que uno mismo, entonces el matrimonio es una excelente manera de hacerlo. Si, por otro lado, necesitas aprender a ser independiente y a cuidarte, ser soltero es una excelente manera de aprender esas lecciones. Debo decir que estar soltera ha sido bueno para mí.

SAMANTHA

"TENEMOS MUCHAS REGLAS DE COMUNICACIÓN"

Samantha ha estado con su pareja durante siete años y tiene un hijo.

Mollie: ¿Alguna vez ha discutido sobre la necesidad de más tiempo a solas o la necesidad de más tiempo con tu pareja? ¿Pudiste resolver la situación y, de ser así, cómo?

SAMANTHA: Esta es una gran discusión para nosotros. Suelo necesitar más tiempo juntos y él necesita más tiempo a solas. A veces los roles cambian, pero esa suele ser nuestra dinámica. Las soluciones se han revisado a lo largo de los años, pero aquí es donde terminamos: lo primero que teníamos que hacer era definir qué significaba tiempo a solas y tiempo de calidad. Para mí, el tiempo de calidad no incluye tiempo en familia, citas dobles con amigos, etc. Es tiempo dedicado a hablar, hacer una actividad o lo que sea, siempre que sienta que estamos más concentrados el uno en el otro. El tiempo a solas para mi pareja significa un aislamiento completo sin interrupciones donde siente que está 100 % libre. Luego hablamos sobre cuánto tiempo de calidad/tiempo a solas necesitamos para sentirnos recargados. Yo solo necesito una noche a la semana de tiempo de calidad, pero él necesita al menos dos noches para su tiempo a solas. Luego tratamos de encajar ese tiempo en un horario ya abarrotado (la escuela, el trabajo, las actividades sociales y el tiempo en familia ya nos ocupan mucho de nuestro tiempo).

Diré que lo difícil del tiempo de calidad, contrario al tiempo a solas, es que rápidamente se convierte en un mal patrón: necesita tiempo a solas, así que se recluye. Necesito tiempo de calidad, así que lo presiono para que pasemos tiempo juntos. Realmente no lo siente, por lo que nuestro tiempo juntos es poco entusiasta, luego se recluye de nuevo. Me siento herida porque él no está tan comprometido como yo quería, así que lo presiono para que vuelva a salir. Aclarar y repetir.

MOLLIE: **¿Puedes recordar una discusión particularmente difícil que hayas tenido con tu esposo? ¿Cómo comenzó? ¿Cual fue el problema?**

SAMANTHA: Como dije, nuestras peleas más difíciles tienden a ser sobre cómo dividimos el tiempo para que todo sea justo. Trabajo a tiempo parcial y voy a la escuela a tiempo completo. Él trabaja a tiempo completo y asiste a la escuela a tiempo parcial. Nuestro tiempo es demasiado limitado y solo funciona si coordinamos cuidadosamente nuestros horarios.

Cuando nació nuestro hijo, en realidad tuve una crisis de identidad en toda regla, que me puso en una depresión significativa. Terminé tomando un descanso de salud mental de la escuela y me convertí en ama de casa y administradora del hogar a tiempo completo. Todo esto fue un ajuste importante y hubo muchos obstáculos en ese primer año porque mi depresión hizo que me costara sentirme motivada para hacer las tareas del hogar. Tuvimos muchas peleas en ese entonces porque pensaba que yo era egoísta y poco comprensiva porque le estaba dejando un montón de trabajo, y pensaba que era insensible por no entender mi estado mental. Cuando decidí volver a la escuela y al trabajo, tuvimos que reajustarnos nuevamente.

Nuestros horarios de trabajo estaban establecidos, por lo que esa parte fue fácil. Las tareas domésticas también eran bastante fáciles de dividir. Sin embargo, fue difícil averiguar las expectativas justas de la crianza. Por un lado, estaba acostumbrada a estar "activa" casi todo el tiempo. Me costó mucho pedir ayuda y lo microdirigía mucho cuando estaba al cuidado de nuestro hijo. El niño tuvo que adaptarse porque estaba acostumbrado a incumplir conmigo en todo. Mi pareja sentía que quería ser un padre activo y estaba más involucrado que la mayoría de los otros papás que conozco, pero también quería grandes cantidades de tiempo dedicadas a su tiempo a solas y se sentía con derecho a eso porque trabajaba más horas. Me frustraba porque él llegaba a casa del trabajo y por lo general se desconectaba de todo. Me resentí porque yo equilibraba estudiar para mis exámenes parciales y ser madre, cuando él se sentía más cómodo al anunciar que necesitaba tiempo de estudio ininterrumpido para sus propios exámenes. Para ser justos, si le hubiera dicho que necesitaba tiempo, habría cooperado. Pero era un trabajo emocional adicional y tener que pedirlo me hacía sentir sin apoyo.

MOLLIE: "TRABAJO EMOCIONAL". **Sí, lo entiendo. ¿Qué sientes al disculparte? ¿Estás acostumbrada o lo consideras difícil?**

. . .

SAMANTHA: Las disculpas se sienten vulnerables y cuando alguien a quien amo está enojado conmigo, es difícil para mí sentirme abiertamente vulnerable frente a ellos. Así que a veces es difícil disculparme porque siento que estoy reconociendo algunas cosas sobre mí misma con las que podría tener problemas en una situación en la que he causado algún tipo de dolor. Sin embargo, me he sentido más cómoda con eso a lo largo de los años, y mi nivel de comodidad depende de la gravedad de la situación. Cuando se siente difícil, tengo que tomarme unos minutos para mí y sentarme con esa sensación de incomodidad antes de poder reconocerla frente a la otra persona.

MOLLIE: **¿Tienes reglas básicas para las peleas?**

SAMANTHA: Absolutamente que tenemos reglas básicas. Las llamamos límites y creo que son una parte intrínseca de una relación sana. No me gusta que me griten o me insulten. Esas cosas no tienen cabida en nuestras luchas. Si nos calentamos demasiado, nos alejamos e intentamos de nuevo más tarde. Mi pareja necesita que nuestros argumentos estén orientados a la solución, por lo que tenemos una regla de que se debe tener una solución en mente antes de plantear un problema. Incluso si esa no es la solución que termina siendo la mejor opción, al menos dirige la conversación de una manera más productiva. Todavía la estoy practicando. A veces necesito simplemente hablar sobre mis sentimientos sin necesidad de resolver las cosas, así que en ese caso me aseguro de comenzar la conversación con "Esta es una conversación de sentimientos, no una conversación de solución, así que déjame sacarla".

. . .

MOLLIE: **¿Qué otras reglas de comunicación son útiles para ti?**

SAMANTHA: Tenemos muchas reglas de comunicación que básicamente existen para asegurarnos de que sentimos que nuestros límites están siendo igualmente respetados. Por ejemplo, a mi pareja no le gusta cuando le lanzo un montón de tareas durante el día, así que tengo una nota adhesiva en mi computadora con cosas de las que hablar o cosas que deben hacerse. Lo discutimos todo en una sola sesión que sea conveniente.

MOLLIE: **¿Alguna vez has notado que te has acostumbrado a usar un tono de voz negativo o despectivo con tu pareja de forma regular? ¿Pudiste resolver ese problema y, de ser así, cómo?**

SAMANTHA: Esta si es peligrosa ante mis ojos. No creo que nada mate una relación como el desprecio. No era yo quien tenía el hábito de usar un tono negativo o despectivo, pero estaba en el lado receptor. Hablé abiertamente sobre los problemas de salud mental en mi relación, y uno de los grandes problemas al principio fue el resentimiento que mi pareja tenía por mí. Yo también estaba resentida con él, pero no al mismo nivel. Llegábamos a un mal lugar donde él usaba un tono muy negativo conmigo con frecuencia. Cuando reconocí cuán modelado se había vuelto el comportamiento, básicamente le dije que nuestra relación no iba a sobrevivir si esto seguía siendo nuestra norma. Le dije que no podía estar con alguien que pensaba tan poco en mí, y no podía demostrarlo como una dinámica normal para nuestro hijo. Las cosas no cambiaron de la noche a la mañana después de esa charla, pero mejoraron de manera gradual y constante.

MOLLIE: **¡Guau! Esa es una gran victoria. En términos generales, ¿cuánto disfrutas de la relación? ¿Qué te gusta de ella? ¿Valen la pena las dificultades?**

SAMANTHA: Estoy orientada a la comunidad y las relaciones. Amo a la gente. Me encanta desarrollar mis relaciones con familiares y amigos. Y eso se traslada a mi relación con mi pareja. Solo soy alguien a quien le gusta sentirse conectada con la gente y explorar esas conexiones. Creo que estas relaciones interpersonales son una de las mejores cosas de la experiencia humana.

Una relación a largo plazo con una pareja ofrece una experiencia única en la que simultáneamente se desempeñan tantos roles diferentes entre ellos. En los trece años que tengo de conocer a mi pareja, hemos sido amigos, amantes, compañeros de casa y padres. He aprendido mucho sobre mí en estos diferentes roles. Si bien también se me ha dado la oportunidad de conocer a alguien tan a fondo, también me han entendido completamente. Somos humanos, por lo que crecemos y cambiamos constantemente, por lo que siempre hay más que aprender sobre la otra persona. En mi caso, valieron la pena las dificultades.

Apéndice Cuatro

LECTURAS RECOMENDADAS

Mis libros favoritos acerca del Matrimonio:

- *Hold Me Tight: Seven Conversations for a Lifetime of Love,* Dr. Sue Johnson
- *Love Sense: The Revolutionary New Science of Romantic Relationships,* Dr. Sue Johnson
- *Love Is Never Enough: How Couples Can Overcome Misunderstandings, Resolve Conflicts, and Solve Relationship Problems Through Cognitive Therapy,* Aaron T. Beck M.D.
- *The Seven Principles for Making Marriage Work: A Practical Guide from the Country's Foremost Relationship Expert,* John Gottman
- *Eight Dates: Essential Conversations for a Lifetime of Love,* John Gottman, Julie Schwartz Gottman, Doug Abrams and Rachel Carlton Abrams
- *The Relationship Cure: A Five-step Guide to Strengthening Your Marriage, Family, and Friendships,* John Gottman and Joan DeClaire
- *And Baby Makes Three: The Six-Step Plan for Preserving*

Marital Intimacy and Rekindling Romance After Baby Arrives, John Gottman and Julie Schwartz Gottman
- *His Needs, Her Needs: Building an Affair-Proof Marriage,* Willard F. Harley Jr.
- *Venus on Fire, Mars on Ice: Hormonal Balance–The Key to Life, Love and Longevity,* John Gray
- *The Seven Principles for Making Marriage Work: A Practical Guide from the Country's Foremost Relationship Expert,* John Gottman
- *Love Is Never Enough: How Couples Can Overcome Misunderstandings, Resolve Conflicts, and Solve Relationship Problems Through Cognitive Therapy,* Aaron T. Beck M.D.
- *Marry Him: The Case for Settling for Mr. Good Enough,* Lori Gottlieb
- *The Surprising Secrets of Highly Happy Marriages: The Little Things That Make a Big Difference,* Shaunti Feldhahn
- *For Better: How the Surprising Science of Happy Couples Can Help Your Marriage Succeed,* Tara Parker-Pope
- *The Proper Care and Feeding of Husbands,* Dr. Laura Schlessinger
- *The 5 Love Languages: The Secret to Love that Lasts,* Gary Chapman

Libros de Espiritualidad con consejos prácticos sobre las relaciones:

- *Whatever Arises, Love That: A Love Revolution That Begins with You,* Matt Kahn
- *When Things Fall Apart: Heart Advice for Difficult Times,* Pema Chodron
- *The Wisdom of No Escape: How to Love Yourself and Your World,* Pema Chodron

- *The Power of Now: A Guide to Spiritual Enlightenment,* Eckhart Tolle
- *A New Earth: Awakening to Your Life's Purpose,* Eckhart Tolle
- *The Complete Conversations with God,* Neale Donald Walsch
- *Full Catastrophe Living: Using the Wisdom of your Body and Mind to Face Stress, Pain, and Illness,* Jon Kabat-Zinn
- *The Work of Byron Katie: An Introduction,* Byron Katie
- *Loving What Is: Four Questions That Can Change Your Life,* Byron Katie and Stephen Mitchell
- *I Need Your Love–Is That True? How to Stop Seeking Love, Approval, and Appreciation and Start Finding Them,* Byron Katie and Michael Katz
- *Who Would You Be Without Your Story? Dialogues with Byron Katie,* Byron Katie

Buenos libros de autoayuda y psicología:

- *The Feeling Good Handbook,* David Burns
- *Conquer Your Critical Inner Voice: Counter Negative Thoughts and Live Free from Imagined Limitations,* Robert Firestone
- *The Science of Happiness: How Our Brains Make Us Happy–And What We Can Do to Get Happier,* Stefan Klein
- *The How of the Happiness: A New Approach to Getting the Life You Want,* Sonja Lyubomirsky
- *Switch: How to Change Things When Change Is Hard,* Chip Heath and Dan Heath
- *Predictably Irrational: The Hidden Forces That Shape Our Decisions,* Dan Ariely
- *Happiness: Unlocking the Mysteries of Psychological Wealth,* Ed Diener and Robert Biswas-Diener

- *What Makes Your Brain Happy and Why You Should Do the Opposite*, David DiSalvo
- *Authentic Happiness: Using the New Positive Psychology to Realize Your Potential for Lasting Fulfillment*, Martin Seligman
- *The Happiness Advantage: How a Positive Brain Fuels Success in Work and Life*, Shawn Achor
- *Flourish: A Visionary New Understanding of Happiness and Well-being*, Martin Seligman
- *The Power of Habit: Why We Do What We Do in Life and Business*, Charles Duhigg
- *Molecules of Emotion: Why You Feel the Way You Feel*, Candace Pert
- *Breaking the Habit of Being Yourself: How to Lose Your Mind and Create a New One*, Joe Dispenza
- *Daring Greatly: How the Courage to Be Vulnerable Transforms the Way We Live, Love, Parent, and Lead*, Brene Brown
- *Telling Yourself the Truth: Find Your Way Out of Depression, Anxiety, Fear, Anger, and Other Common Problems by Applying the Principles of Misbelief Therapy*, Marie and William Backus

Libros de crianza relacionados también con el matrimonio:

- *If I Have to Tell You One More Time ...: The Revolutionary Program That Gets Your Kids To Listen Without Nagging, Reminding, or Yelling*, Amy McCready
- *Parenting with Love and Logic: Teaching Children Responsibility, Foster Cline*
- *Raising an Emotionally Intelligent Child: The Heart of Parenting*, John Mordechai and Joan Declaire
- *The Child Whisperer, The Ultimate Handbook for Raising*

Happy, Successful, and Cooperative Children, Carol Tuttle

Unas cuantas buenas memorias acerca del matrimonio:

- *How to Stay Married: The Adventures of a Woman Who Learnt to Travel Light in Life, Love and Relationships,* Mary-Lou Stephens
- *Love Warrior: A Memoir,* Glennon Doyle Melton
- *Committed: A Skeptic Makes Peace with Marriage,* Elizabeth Gilbert
- *The Wishing Year: A House, a Man, My Soul: A Memoir of Fulfilled Desire,* Noelle Oxenhandler
- *Surprised by Joy,* C.S. Lewis
- *A Severe Mercy,* Sheldon Vanauken

Querido lector:

Esperamos que haya disfrutado la lectura de *Las peleas que tendrás después de tener un bebé*. Por favor, tómate un momento para dejar un comentario, aunque sea breve. Tu opinión es importante para nosotros.

Saludos cordiales,

Mollie Player y el equipo de Next Chapter

Acerca de la autora

Mollie Player, es consejera de salud mental en formación, intenta hazañas de gran fuerza, luego escribe sobre lo que resulta. Sus metas incluyen: meditación diaria, educación en casa para sus hijos, no discutir con su cónyuge y, por supuesto, encontrar la paz interior. Sus planes no siempre funcionan, pero cuando lo hacen, los resultados son increíbles. Y cuando no lo hacen, bueno, mantiene las cosas interesantes.

Consigue sus libros electrónicos y sus publicaciones de series gratis en línea en: mollieplayer.com.

Las Peleas Que Tendrás Después De Tener Un Bebé
ISBN: 978-4-86751-884-7

Publicado por
Next Chapter
1-60-20 Minami-Otsuka
170-0005 Toshima-Ku, Tokyo
+818035793528

13 Julio 2021

www.ingramcontent.com/pod-product-compliance
Lightning Source LLC
LaVergne TN
LVHW091421190726
843491LV00006B/1543

* 9 7 8 4 8 6 7 5 1 8 8 4 7 *